羅門創作大系〈卷九〉

論視覺藝術

羅　門著

文史哲出版社印行

國立中央圖書館出版品預行編目資料

論視覺藝術 / 羅門著. -- 初版. -- 臺北市：
文史哲，民84
面； 公分. --（羅門創作大系；9）
ISBN 957-547-949-1（平裝）

1. 藝術 - 評論

901.2 84003304

羅門創作大系 ⑨

論視覺藝術

著者：羅門
出版者：文史哲出版社
登記證字號：行政院新聞局局版臺業字五三三七號
發行人：彭正雄
發行所：文史哲出版社
印刷者：文史哲出版社
台北市羅斯福路一段七十二巷四號
郵撥〇五一二八八一二彭正雄帳戶
電話：三五一一〇二八

實價新台幣三五〇元

中華民國八十四年四月十四日初版

ISBN 957-547-949-1

誠以這系列中的十本書，做為禮物，獻給同我生活四十年、在創作中共同努力、給我幫助最大的妻子——女詩人蓉子。

每當我讀她的「一朵青蓮」與「維納麗沙組曲」等詩，那是我同其他詩人都無法只靠技巧與文字所能寫的詩——那是在人類高次元的情思世界中、以特有的內在生命機能與心靈纖維，所編織的具體可知、可感、可見的「雅典」「純摯」與「高潔」的情境，蘊含有宗教性的虔誠，在開放的內心感應磁場中，我的感動確實是超越常情與私情的；純粹是站在「詩」與「人」溶合的「天地線」上，所引起的；也不必在此故意隱瞞，因而，我這十本書，便不只是獻給我親愛的妻子——王蓉芷，也是獻給我敬愛的女詩人——蓉子。同時更是獻給所有愛護與關心我的讀者大眾，給我更多的批評與鼓勵，

羅　門

羅門創作大系〈卷九〉

論視覺藝術 目次

〇〇一 前言

I

〇〇三 漫談藝術家的創作精神
〇〇九 大藝術家的三大條件
〇一一 「追蹤美」！詩眼中的視覺藝術世界（市美館演講稿）
〇二五 藝術家如何抓住「美」的轉化與造型能力（市美館演講稿）

II

〇四三 「東方」與「五月」25年回顧聯展有感
〇五三 內在視覺世界的探索——李仲生教授個展有感

○六一 大自然的建築師—莊喆
○七一 創造「純粹性」「自然美」「音樂感」的抽象畫境—陳正雄
○七七 「三人行」聯展評介三位畫家—劉其偉 李德 朱沉冬
○八五 丁雄泉的繪畫世界
○八九 在沉寂中塑造自我的畫家—陳庭詩
○九三 在苦澀與孤寂感中提昇繪畫生命的畫家—席德進
○九七 洪根深的繪畫世界
一○一 看陳勤的抽象畫有感
一○五 設計理想生命的畫家—曾培堯
一○七 畫內在自然風景與生命的畫家—閻振瀛

III

一一三 純淨空間的建築師—林壽宇
一二三 極限世界的拓展與再現
一三一 「異度空間」展的探討
一三七 「超度空間」展的探討
一四一 「超度」空間創作

一四五 莊普的繪畫世界
一五一 異度空間的拓展——談張永村獲首屆抽象畫大展首獎作品
一五七 『低限與材質之後』展的前後觀——看胡坤榮的「超度空間」展

IV

一六三 詩眼看米羅（市美館演講稿）
一七五 從『花之手』出發——看何恆雄教授的作品
一八一 胡宏述的造型世界
一八七 普普藝術潛在思想的探索與反思（市美館演講稿）
一九七 視覺的新大陸——國際雷射景觀藝術在我國啓航
二〇三 談國內複合美術的發展（接受訪問）
二一七 人體畫創作世界的探討
二二三 視覺詩的預言

前言

當我們認爲所有的文學與藝術創作世界，都潛藏有詩，而且它又無形中激化著所有文學與藝術的創作者之思維與靈視趨於卓越與明銳，則詩便也同時成爲打開以文字、聲音、顏色線條與造型所建構的各種不同形質的「美」的世界之門的一把重要的鑰匙了。

我們不但可用它來打開詩境之門，也以它打開其他的視聽世界之門，去聽那美得不能解釋只能用詩心來感悟的音樂；去看那美得不能說明只能勉強用詩來解讀的畫面與造型符號背後所潛藏的那許多難於說盡的部份感知。就這樣我也很自然的以開放的美感心靈，進入詩與其他藝術的交流道，去收視詩境之外的景觀，而寫這本偏於觀感性的視覺藝術論文集。

其實在我於詩創作之外，也參與多元媒體有如雷射藝術表演與裝置藝術的創作，同時也寫視覺藝術評論文章集。而這些對我詩創作世界中語言所建構的造型與畫面，無形中也是有奇特的影響與收穫的，本來詩與其他藝術是相通與相互助的。

最後附帶在此說明的是這本論及中國當代著名的視覺藝術家與國際大師的作品之論文，本都附有圖片，但因版權與趕時間，只好割捨，難免感到遺憾。

I

漫談藝術家的創作精神

首先我要聲明的是本文雖指明只談藝術家的創作精神，但我覺得詩人既是語言的藝術家，則其創作精神，同畫家必也有相溝通之處。下面是我對中國現代藝術家（著重畫家）創作精神的一些看法：

㈠既是中國的現代藝術家，他首先必須是中國人；而且必須是現代的中國人；同時也必須是關心到全人類存在的中國人（尤其是交通的發達，「全球性」與「國際性」這些字眼，已非常流行）；最後更必須是不斷超越中的獨特的「自我」，唯有這樣，他方能心胸濶大，擁有無限的創作境域；方能成爲批評家奧登心目中的創作者，有能力去開拓與處理一己所面對的廣大世界；方能如我曾說的：「藝術家是拿到上帝的通行證與信用卡的，可自由的選擇一切與創造一切；並且有魄力把『古、今、中、外』壓縮入永恒的一瞬間，讓絕對的『我』，將世界以新的美感形態與活動秩序，帶動出來，而確實成爲具有超越性與新創性的創作者。」

㈡藝術家若不能出示一己獨特性的創作力，只追隨流派與抄襲別人的方法，則他絕不會有什麼展望，這樣的畫家，如果畫山水畫，便只能當范寬、李成與董源等人的「跟班」；如果畫西方抽象畫，便只能當克利與康丁斯基的「隨從」。

㈢現代藝術家必須澈底了解「現代」兩字的深義，它不只是要我們去注視一架起重機是如何把摩天樓舉到半空裡去的文明景觀；而是要我們站在最前衛的位置，去看下一秒鐘即將來臨的一切，是以何樣「美」的角度與形態出現，這便已緊抓住創新性的基點。的確，不體認「現代」，便也無法進入創新性的眞位。而「現代」勢必不斷的延展下去，不斷的調度著我們的視覺對「美」接受的新能力。很明顯的例子，如臺北市五十年代四層樓的建築造型，與目前七十年代廿層樓建築的造型，給我們的視覺美感是多麼的不同；就是三十年代的詩，其語言的美感性能也是普遍的失去吸力，可見「現代」是潛伏有創造的無比的引發力，創作者除了勇於突破與不斷接受「現代」的挑戰，是無法在人類遼濶的「眼球」上，探索到與建立起多向性的新穎的視境的，尤其是現代藝術思潮已賦給創作者在材料與方法的運用上，全部的自由，創作者便應該充份去發揮這份自由的創作力，而不被困禁在舊的材料與方法中。

㈣現代藝術家，從現代感中不斷抓住「新創性」，已是主要的創作動向與意圖。但要「新」，心就不能舊，方能有新的看見。因此中國現代藝術家應確實檢視自己創作心境所處的位置：

⑴如果你只是躲在故宮裡，看櫥窗裡的山水，不管明天的太陽，是如何把新的山水重建你的眼睛；而且你又一直住在城裡，遠離大自然中的山水，不像李成、范寬等大師，長年住在大山大水中，讓自己的氣息與大自然的雲霧呼吸在一起，讓自己的血管與大自然的根脈、石紋、河流交集在一起；同時你的方法又是仿以往大師的，你的功力又比不上大師；在觀念

中，你看見的是「大山大水」，在眼睛中你看見的是自來水、高樓大廈與電冰箱裡的冰山冰水，想想看，你畫的是眞的自然，還是複製的自然？像這樣手動心不動、重複又重複的畫下去，能成爲山水畫的大家嗎？能超過古人嗎？

(2)如果你只敢從故宮櫥窗的山水中走出來，張目來看陽光下的一切，而不曉得再閉上眼睛來看看；也不曉得用畢加索的空間掃描與移轉法；只停留在自然畫派，用肉目對大自然景象，做表態性與平面性的描述，即使能刺激一般人的情思與快感，但最後仍是跳不出那薄弱、浮面、以及過於習慣性與定限性的美感狀況，而無法滿足視覺向高層次活動的須求。因爲你只是站在視覺「大海」的海邊，情滿意足的玩著水，一直的沉醉於大自然美麗的外形世界；而未進入「海」更廣遠的航程確實看見海的深廣度。如果你也了解後期印象派大師塞尙等人所認爲「自然的終點，是藝術的起點」這句話，你應該看見自己站的位置，確是離現代藝術所展開的具新創性的向內開放的視覺世界，有多麼遠的距離。

(3)晚期的張大千，站在「基隆港」，背著通向西方的太平洋，環視著「故宮」內外的山水，回憶著大陸走過的山水，加上他的才情與功力，他確畫出國人皆讚譽的山水畫，也獲得「大師」之名，但比起古代的國畫大師，他自己心中不認輸也不成。但是他並不甘心，要突破、求變與超越前人，這是任何一個有雄心的藝術家，所必須具有的心態，於是望向茫茫的太平洋與面對劇變中的西方現代藝術思潮，他的確想跟著年青畫家們求變，便曾用「掃」的方法，把可辨認的山水畫，「掃」入他自己也認不出來的「抽象世界」中去。他畢竟心有餘而力不足，終於「變」與「新」不出來。縱然如此，他已提出了一個珍貴的啓示，並道出了藝術創作的永恒意圖：現代畫家是不能不躲開重複別人與自己，而不斷創造新的視境，像杜庫寧在同一張畫布上，不斷畫一些新的看見上去，以證實人類的創作、智慧是不斷向未來推進與開發新境。所謂新境絕非斷絕「已有」的，而是繼續提昇與擴展它，達到創作者更高與更新的須求。

(4)將自我從地域性，提昇到「太平洋（結合東西方）」的上空位置，處在東西方文化沖擊的大動面上，接受整體性的挑戰，然後看自己做爲一個現代中國畫家，眼睛究竟看見了怎麼樣一個是東西方人都同時感到震撼的新的視覺世界；而且這個視覺世界，又是蘊藏與著重東方中國人的精神意境，甚至可望也成爲國際畫壇的一股主導性的創作力量。如果我們能在這個方向上，有更多的現代畫家，像趙無極與林壽宇那樣，有開放性的心境與觀念，以及充份的認識與有駁駕東西方藝術卓越質素的能力。

我相信中國的現代畫家，是會受到國際畫壇更多的重視，甚至在國際上，有自己的位置，自己的方向，甚至反過來讓西方畫家也受我們的影響，不屢是我們跟著西方跑。於此，我們應有切實的體認與信心。事實上，趙無極與林壽宇在這上面，已呈露出曙光：

①趙無極—在抽象表現中，展示出中國東方強烈文化意識、以及獨特的感性世界，引起巴黎畫壇特別的驚讚與重視。

②林壽宇—在極限藝術表現中，所創造的「白色」的震撼世界，引起大師克利的驚異而

獲得國際聲譽，那也是因爲溶進了林個人做爲東方中國畫家的特有的感思與禪意。

的確，中國藝術家應有廣大的心境，應有世界性的視野，應同時用「心眼」與「腦眼」來同觀世界。因爲「心」與「腦」，都同時存在於人體內，便應設法全面開發它們視覺的工作能，以便掌握到更輝煌的視境。像西方大師布朗庫斯與康利摩爾，既也用東方人愛用的「心眼」，來看一切，而且也能看到我們東方人和諧與渾圓的自然觀；我們爲什麼不能用西方人愛用的「腦眼」來看一切與看到西方人客觀純粹與絕對的知性的架構世界呢？大藝術家都是能溶化一切（包括人存在於古今中外），成爲「我」而存在的。這個「我」，又是能超越地域性的「我」，而貫串全體人類與永恒的時空。在這個方向上，趙無極與林壽宇雖仍不能達到最高的理想，但他們有勇氣與魄力去做，而且已能做出具有世界水準的成績來，是值得我們去重視與推崇的。

「掌門」詩刊（一九八三年十一月）

大藝術家的三大條件

大藝術家與大詩人，必須具有下面三大條件，缺少其中之一，都不能。

第一是大的「才華」。沒有才華，而從事詩與藝術，實在等於大肥子跑百米，啃書與苦練，也永難見效。才華的確已被看成是潛藏在創作者生命中的發光體，有如埋在地下的「煤」、「煤油」、「汽油」與「核能」。大藝術家（如貝多芬與米開蘭基羅等）與大詩人（如杜甫李白與艾略特等）的創作生命中，便都是藏有如「核能」般發光的大才華。

第二是大的「心境」，它不但包括書本與智識的力量，同時也包括了作者對整個宇宙生命與事物做深入性探險的體認與感悟，更溶合了作者始終純正、執著、超越的心性與氣質。這都是使創作生命進入偉大的精神架構與思想境界的主要力量。一個藝術家與詩人，若缺乏這種「心境」，又被社會庸俗的勢利觀念所污染，使自己存在於是非不明的劣境，內在生命的結構已形破壞與陰暗，「大」家的風貌，便從根本上無法呈現。可見「心境」是更爲重要。

第三是大的「功力」。雖然功力一方面是由於「才華」與「心境」於相互作用中不斷的衍生，但它更包括了作者對藝術探索的毅力與在美學修養上（技巧方法）不斷的研鑽與創造，方可能使偉大的「才華」與「心境」於作品中展現。縱使藝術上表現的功力，是如法國批評家考遜所說的，它只爲顯示藏在形式與技巧裏邊的東西而存在；但缺乏表現上的大功力，其創作內涵原本的偉大性，仍是無法全部呈現出來的。

可見上述的三大條件，已事實上構成大詩人與大藝術家創作生命的「三角形」的三邊，底邊是「心境」，左右兩邊是「才華」與「功力」，缺少任何一邊，這個「三角形」都將崩塌；任何一邊不夠強，都將影響這個三角形的穩妥與完美。

一九七八年六月

「追蹤美」！詩眼中的視覺藝術世界

這是本人參加市立美術館首屆舉辦由藝術家與尖端科學家合作的雷射藝展，排定的一場演講，不限於雷射藝術範圍，廣泛談論視覺藝術的一篇講稿，經整理補充寫成此文。由於詩是語言的藝術，本文涉及詩的地方相當多，本文也可說是無形中在指認詩與視覺藝術的相關性。

今天我的講題，是「美的追蹤」與「詩眼中的視覺藝術世界」。

其實追蹤「美」，就是追蹤人與萬物內在生命的美的內容；這也正是詩人與藝術家終生的專業工作，所以，我的講題看似兩個題目，其實它們是有關聯性的。

先談「美」的追蹤。爲什麼我不談一般人喜愛說的「眞善美」？這是基於我三十年來追求詩與藝術所體認到的。我認爲追蹤「美」就夠了，如果我們能徹底了解詩與藝術的主要功能。但我仍必須在此加以聲明，我認爲的「美」，不只是表象性的美；而更是屬於精神與生命內涵性的「美」，在詩人與藝術家具有高度轉化能力的內心世界中，痛苦、寂寞與悲劇，也是具有感人的「美」的。其實，經過詩與藝術轉化過後所產生的「美感」，已事實上含有「眞」與「善」的力量在。譬如你在貝多芬的音樂中，被一種不可抵抗的「美」所感動，你會去做傷害「善」良的事嗎？的確，「美」是較任何力量都要絕對的一種力量，能自然且有效地引領人類的心靈活動，進入良知良能的位置，而切實的接近「善」，較一般道德更爲道德。所以美前故總統肯奈迪曾以世界性的領袖身份說出：「詩與藝術使人類的靈魂淨化，權力使人類的靈魂腐化」。同時當你看到貝多芬的音樂在演奏時，擁有無比權勢的皇公、擁有大思想的哲學家與擁有大財富的貴族，都忘我的受感動，內心全被音樂佔領，而超昇到生命完美無比的頂點，擁抱到較他們在以上所擁抱到的一切，還要榮華與富足。然而那只是一些至爲「抽象」的聲音，卻比世界上任何的「眞」實，都還要「眞」實。在那一些聲音裏，它究竟含有多少噸能計算得出來的智識學問、思想與情感？而它的確是人類精神世界中「眞」實無比、威力無比的「原子能」。難怪日本音樂界要讚美貝多芬是人類心靈世界中的第二位上帝，他帶給人類靈魂完美與永恆不朽的光輝。可見詩與藝術所創造的「美」，不但包括了「眞」與「善」，而且是建造人類心靈豪華宮殿的主要建材，甚至是構成上帝生命實質的東西，如果世上確存在著一個具有眞實生命的上帝。

由此可見透過詩與藝術追蹤「美」，不僅是詩人與藝術家的德行，同時也是全人類都該去共同面對的一個重大的生存主題。否則，我們只好看著無數的現代人，忙著把原始在荒野睡覺與吃飯的地方，往希爾頓的套房與餐廳裏搬，然後被慾望放逐在都市「綠色的原野」上，都一個個成爲流行性的文明動物。

說到這裏，我想對「美」的追蹤，這個「美」字，最後提出我個人的宣言式的看法，我認爲：

·「美」是生命永恆不朽的內容，時空的核心；一切都必須從內心中轉化昇華成爲「美」的存在。

·詩人與藝術家終生爲「美」工作。

·讓我們一起跟著法國詩人馬拉美說：「向美致敬」。

接下來談「詩眼中的視覺藝術世界」。我之所以特別用「詩眼中」這三個字，是因爲詩眼是內在的眼睛——內在的視力；是穿越一切表象進入內在進行無限探索的「能見度（Visibility）」，是任何藝術創作者必須具備的，否則便將降格成爲一架「照相機」，只能去重複製作一棵樹或一座橋的外形，終於要被柏拉圖說的「畫一棵樹一座橋倒不如去種樹造橋對人生有意義」這句話，驅趕出他的理想國；但如果你能用詩眼把外在的樹與橋都看成內在無數的生命之樹與橋，進而更能看見陶淵明「東籬下」之外的無限的「南山」，則你可對柏拉圖說：「你理想國的坪數太小了，我還是自己搬到較你理想國更廣濶的世界裏去。」

的確，「詩眼」是任何類型的大藝術家必須具有的。因爲它是內在最卓越的視力，能看到一切最精彩的地方，也就是能掌握對視覺藝術創作世界探索的深廣度，而決定藝術家未來的前途。即使是被我們視爲「抽象中的抽象畫」——如「新造型」、「絕對」、「極限」等畫派，從「自然表象世界」穿越「偏於感性流變的抽象世界」到「凝結爲單純的知性抽象世界」，仍是由於詩眼（內在卓越的視力）在廣濶的內在視野上，不斷探索、體認與昇越到這一特殊的視覺狀態而呈現的，絕非憑空存在的。

現在我們就開始用詩眼來看：

一、詩眼看到視覺活動的雙向性：

因視覺有看得見的音樂，聽覺也有看得見的畫面，則視覺活動便顯有雙向性。譬如你使用只具照相機性能的肉目，去看海與天地線，便只能看見一個封閉的外在形態，但如果你用詩眼去看，你便可看見眼球滾過海平面，所發出無限藍色幽美的音波；接著你會把那條天地線，也看成宇宙的一根弦，海彈出滿天的浪聲，甚至你也可把天地線看成一根繩子，天地在起伏的海浪中跳著繩……像這樣，你便擁有了豐富且廣濶的視聽世界。無論你是採用心象表現或超越心象所做的純粹表現，都會直接或間接的產生好的反應。因爲內在是否豐盈的實視世界，對於創作者來說，都已重要如是否肥沃的土地，對種植的果物。

在此我敢斷言：所有偉大不凡的藝術家，都必須具有詩眼的內在視力，方能對一切存在的美的形態與內涵，有特殊深入的看見，而使創作媒體，確實達到雙向性地爲人類高能量的視聽世界工作。

二、詩眼看到視覺藝術活動的四個層面：

1. 肉目視覺活動層面：

在這一活動層面上，畫家如果只能在漂亮的物形上作描繪，像這樣的藝術行爲，只等於照相；如果能同時考慮到使用「詩眼」的內視鏡頭，將心象拍上去，情形就大爲不同了。

2. 心目視覺活動層面：

在這層面上，很明顯是將肉目閉上，全偏依內在的視力，使潛在的無限「感覺」與「看見」，在「記憶的眼睛」、「想像的眼睛」、「夢幻的眼睛」、「潛意識的眼睛」中浮現，這便也激引視覺藝術家，步出自然畫派的具象表現，進入抽象與超現實創作的境域；而無形中特別借助詩的力量，獲得更好的發展，像克利、米羅與達利等抽象或超現實表現的大師們，均是對詩非常有認識，甚至也寫過詩。所以我曾說過：「抽象與超現實表現，是流動在藝術家內心中「詩的」奧妙的敘曲；「詩眼」是巡視在「抽象」與「超現實」創作精神活動在無限視覺境域裏的探照燈，它的「亮度」與「視程」都將影響與這有關的任何藝術家的創作效果……。」

3. 「腦目」視覺活動層面：

這可說是屬於觀念性與理念性的視覺活動層面。較偏於冷靜的思考性；將流變的情緒與感性冷凝。視覺空間均大多朝簡化、單純、理性秩序的狀態發展，譬如強調以幾何圖形製造純粹與單純造型的「絕對主義」、強調造型規律性與著重數理原則的「新造型主義」、強調造型極端的單純、畫面純淨的「極限藝術」，以及強調幾何造型、邊線明銳的「硬邊藝術」，都可說是活動在「腦目」的視覺活動層面上。

此刻，如果我們用「詩眼」——深入的內視力，來作進一步的探視，便可看到上述的那些藝術流派的創作形態，多是透過人爲的第二自然——（都市景觀），所引發的潛在視覺經驗，然後轉化過來的「再造形」，這種「形」，與都市具策劃性、建構性與系統秩序性的視覺美感形態，是在潛在中有相映照的。它只不過是將都市型的視覺空間，所不斷呈現的景觀，向內溶化與提昇入「整體性」的更爲單純與具有無限超越能力的「原本基型」，所謂整體性的「基型」，便是跨越都市內外（銜接大自然）空間，所向內再現的新造型空間。在這一偏於觀念性與理念性的視覺活動美感空間裏，它流露著的美的純質，仍是同詩的質素，息息相關的，須要「詩眼」的視線，將它牽引出來。譬如你看到非常純美與潔淨空白無物的空間，那麼的動人而神秘，你的「詩眼」便絕不可能把它看成白色的牆壁與天花板；而會把它看成是宇宙萬物造了最大的一張床，讓所有的生命形象，都脫掉衣服，睡或醒在那裏；但如果創作者媒體所完成的白色空間，根本沒有那種相類似的高品質的詩的潛在質素在，本來就是內涵性貧乏的蒼白的天花板與牆壁，那作品還會有什麼高品質的耐視力？因爲任何絕對純粹的「美」的形式與內容，都絕不是空乏的，既不是空乏的，便必潛藏有「詩」的視覺狀態與力量，當哲學、科學不能看見與聽見它的存在時，當然只好依賴「詩」了。

4.「心目」「腦目」交視的視覺活動世界：

如果我們仍一直認爲東方自然觀的山水畫，較偏用「心目」所探索的「暖式」靈運空間，同西方人提倡的觀念藝術，較偏用「腦目」所探索的「冷式」理運空間，有格格不入與相僵持的對立狀態（事實上，國內仍存在著這種情形）；則這由「心目」與「腦目」相交視的視覺活動層面，便顯然是我們從理想中架構起來的。當然我們仍是有足夠的理由，來堅信這項理想能由具有大智慧與大思想的藝術家付諸實現的。因爲：

(1)人類必須擁有「靈運」與「理運」的兩大生存空間，除非誰能把孕育中國五千年輝煌文化的「心」拿掉，或者把西方人領導創造廿世紀輝煌物質文明的「腦」除掉。任誰主張拿掉其中之一，都不但違背了造物主的宗旨，並且顯得缺乏高度的智慧，甚至無知。其實這也不是我說的，是鳥與飛機飛在天空裏協議好說的：「陶淵明的『南山』與紐約的『摩天樓』，均必須同時『存在』與『高聳』在無限生存的空間裏。」既然如此，它們均爲人類而在，則不必彼此相排拒，應設法使之溝通與交流才是。

(2)其實在相交視的視覺活動層面上，對我們國家藝術創作者，應是更有利的，因爲「煉鋼廠在西方」，「煉心廠在東方」。而人類智慧創造的最終目的，仍必須是以人的「心境」爲主，「物境」爲副，凡是離開「人」的一切，均將失去主要的價值與意義。當東西方在面對文化強烈的挑戰時，中國藝術家應在根本上懷有信心，不必懷疑與躲避，應正面去面對考驗，並穿越過去，確實成爲在國際藝壇上的一股主導性的力量。因爲「逃避」與「追隨」西方，都非眞正有實力的創作者。

(3)由於交通發達，不但東西方的實際生活形態，撞碰在一起，文化更是沖激在一起。一個內外急變所形成的新異視覺活動空間，怎能容許一個創作者抱殘守缺，固步自封，去重複表現那個已逐漸疏離現代人視覺生活經驗的淡化的視境呢？應該是勇於擁抱創造性的意念，站在這一交視的視覺活動層面上，去探索中國現代藝術步向國際藝壇的可爲性與眞正的動向。

事實上西方藝術家如布朗庫斯與亨利摩爾等大師，都曾注視東方的靈運空間，並在作品中分別表現中國「玉中之璞」的精純含蓄之美以及和諧與渾厚之美。如果我們中國藝術家同樣也看入西方的理運空間去提取有利於我們創作的質素，如造型世界的精確純粹性與秩序美等，則一個既相尅又相互動地全面展開的創作新境域，便有可能在理想中出現，這應也是自然的趨向，因爲人類在未來無論是生活環境、文化環境與藝術環境，必定是彼此間越來越互相影響與產生變化。而藝術家便是預感這種變化，去調度創作意念的，最爲敏捷的人。這也就是說，藝術家必須不斷把視覺與聽覺新的資訊提供出來，拓展創作的世界。

三、「詩眼」中視覺活動的時空位置：

先從我們實際的生活環境來看，當我們的眼睛，順著延平北路、中山北路、忠孝東路四段看過來，逐次進展中的建築物形態與環境的空間感覺，都在說明視覺空間在不同時空的變化中產生的美感狀態，是不斷呈現出它的前衛性與創新性。在相比較下，當然是忠孝東路四段的新開發區，具有創新性與前衛性。因此作爲一個具有覺醒性的藝術家，必更體認到時空的位置，是不斷調整著創作者的創作形態。如塞尙前的具象畫與目前新寫實的表現，可說是大不相同，因爲後者處在透視學、攝影術與科技發達的現代生存時空中，所以畫家畫蘋果可把蘋果的果肉果汁全畫出來，像眞的蘋果一樣。再說像包浩斯那種最具革命性的藝術理念，竟主張將繪畫、雕塑與建築溶合在一起，成爲一種新的視覺藝術表現。其實這也都與生存的時空，有相當密切的關係。由於現代人活在快速、緊張且具壓迫感的物慾文明世界裏，越來越明顯與尖銳化。像一支蠟燭，非但要兩端燃燒，而且最好是整支蠟燭往火裏拋。這種實況，不但反應在一般人的生活中，如看電視，可同時享受文學性、繪畫性與音樂性的樂趣；而且也反應到藝術家創作的潛在意識來。所以包浩斯觀念認爲繪畫雕塑與建築既都是表現視覺活動的三樣東西，何不把它們都溶在一起來表現，產生出視覺活動更大的威勢與新的風貌。再說，繪畫這一傳統性的視覺藝術，雖仍有其發展下去的可爲性，但當它把自然景象一再移在畫布上，成爲間接性的視覺活動時，面對「地景」與「環境」等藝術直接將可觸及與可能擁抱的「實際自然」推著過來，是否會受到某些影響呢？因爲現代人的心態與視覺活動，已被存在的時空與處境，越來越指向「眞實」兩個字。因爲「眞實」具有被接受的優先性與吸引力，凡是遠離「眞實」的，都難免產生某些疏離感。

基於一切存在的「眞實性」，我們又不難發覺到這一代中國水墨山水畫家的心況與實情，他們生長在快速發展的都市文明環境中，高聳的玻璃大廈圍過來，把天空與原野吃掉，鳥在鳥籠裏飛，原野搬入樓頂的盆景，打開冰箱，只看到「冰山」、「冰水」；而「大山」屈居在「大廈」裏，「大水」流在上下班擁擠的大馬路上；花開在「統領」百貨公司的櫥窗裏，鳥鳴在吵死人的車聲與唱片公司中，在這樣生存的時空處境裏，從事水墨的山水畫，如果只持陶養性情，不求做什麼畫家與大畫家，像主婦們做完家事，臨摹數帖，倒是很好的事，內心也不會有什麼壓力；如果要想一輩子只當有水準的名畫家也不難，但是要想當大畫家，甚至超越古代大師，那任誰都會感到其中可見的難處與強大的壓力。因爲一個畫家要「大」，先必須要有「大」的心境，也就是要有以全生命（不是以觀念與概念或想像）去擁抱大自然山水，所產生眞實渾厚的情懷與深深受感動的心境，因爲只有這種心境，才能眞正有實力將畫境確切（而非耍巧）的深入大自然的實底。就是張大千的心境與畫境比起古代大師，是否在渾厚感與沉穩度都要低一些呢？原因就是缺乏古代大師們專注於大自然的情懷與心境，因爲八大、梁楷、董源、范寬等大師們，他們長年生活在大自然的大山大水中，不受都市文明的騷擾，他們的呼吸，都與大自然的雲霧交流在一起，他們的血管與脈管，都與大自然的樹根河流與石紋糾纏在一起，他們的耳目都跟著大自然聽與看……於是動筆時，心與自然一起動；畫境中呈現天人合一的自然觀，絕對不是「觀念的塑膠」做的，假不了。然而在目前的工業社會中，大量推銷電腦、錄影帶、百貨、餐食、壁紙、衛生設備等現代文明產品的都市生活空間裏，筆動時，大自然既不在身邊，便只好在記憶、觀念、概念與古代大師的畫中去找，這種「時空」待遇，對現代中國水墨山水畫家，的確是不公平的。畫布上的技巧暫且不談，畫布上的畫境，在精神深廣度上，不打些折扣也不成，這也就是導致中國水墨畫在國人心目中，雖有令人滿意的表現，但尚未能呈現突破性的大景觀之原因吧。而在另一方面，站在現代時空位置，重新觀看自然的現代畫家，他們企圖突破、超越與創新，所投下的狂熱、誠摯與心血，經過數十年堅苦的努力，雖也有某些不凡的成就，但在廿世紀東方兩大文化強烈沖激的生存時空下，所形成的至爲複雜動變的世界性藝術大環境中，聲勢是否夠壯大呢！這都是任何一個現代中國藝術家必須誠懇地以更大的勇氣智慧與省察的精神，去對生存的時空與創作的新領域，不斷做深入的觀察與思考的。

四、「詩眼」中視覺活動的轉化能力

我認爲「轉化能力」是來自「想像力」，甚至說它就是「想像力」。因爲「想像力」是使思想能看見肉目所看不見的景像之力量；也就是使創作者能「超出象外去看」的力量；也就是穿越且連接住內在無限看見的力量。如果沒有這股力量，那麼呈現於肉目中「有限看見」的一切，如何轉化成爲內在「無限看見」的存在？

的確「轉化能力」——「想像力」已被視爲任何一個創作者的「資金」，能否經營確實「大」的創作世界，完全看你是否有大的「資金」——大的轉化能力了。

譬如你缺乏轉化能力便只好去經營「獨釣寒江魚」那表象性的畫面與畫境；而無法去經營「獨釣寒江雪」那喚醒人類精神存在於宇宙荒寒情境中的畫面與畫境，而中國畫有境必高；同樣也無法體會在觀念藝術中，讓只彎掉一個角的變形的四方形，能將整個宇宙生命、活動於千變萬化中的複雜形態，都「轉化」到這一個如此單純的造型裏——在這個四方形不彎去一個角之前，四方形中的世界，是「靜止」與「無聲的」；那個角彎掉之後，天空、山、河流、海浪、乳房、腰段的輪廓，以及風雲鳥飄飛的形態，便都現了出來；聲音也像噴泉瀑布從那個彎口處湧現了出來。於是一個「靜能容萬動」、「空能納萬境」的無限變化的視聽交響世界，便活躍在這個精美單純的變形的四方形裏，這種作品是既不能憑空仿造，也非隨便畫就能達到的。

由此更可見「轉化能力」的強弱，在創作世界中，已重要如煤油爐與原子爐放出的光，任何一個藝術創作者，包括詩人在內，如果不切實從生命與時空進行深入探索的過程中，獲得眞實的體認與擁有強大的想像世界，他便不可能在創作中發揮出任何偉大可靠的「轉化能力」，當然也不可能有什麼眞正偉大的作品產生，因爲所有偉大的藝術家都必須具有偉大的精神體認與思想，而這些都必須變成「想像力」——「轉化能力」轉移給藝術世界。

最後我不能不也來談談這次雷射藝術展的感想與看法，雖然我這次演講，是廣泛的談視覺藝術的問題；但因爲我也以詩人身分參加這次雷射展，而且在視覺藝術的大範圍裏，雷射藝術是一爲衆目所驚視的藝術新生兒，究竟它在藝術未來發展的途徑上，將扮演何樣的角色？

由於雷射光已被視爲世界上最美最純的光，爲光之后，它的出現，使星光、月光、日光與所有的燈光都黯然失色。顯然它對於美化視覺空間與開發「光」活動的新境域，勢必具有強大的潛力與威勢，使人類的眼睛發出壓抑不住的驚讚。當然視覺藝術家，是絕不會放過這一具卓越性的媒體的。

我想雷射光可運用多面性的藝術創作層面上來：

(1)可拓展繪畫與攝影的境域。

(2)可用來塑造任何光都無法媲美的光的動感造型藝術。

(3)可用它富於掃描與流動性的光彩，製作整個立體空間舞臺（包括臺上臺下）的「流動性」的彩色「佈景」，開拓甚至革新「佈景」的觀念，使演出環境，在快速的變化中，溢流出源源不絕的藝術美感氣氛與效果。

(4)在多元媒體的綜合藝術表現中，它有想像不到的效果，特別搶鏡頭。因爲它的色彩與線條，在快速中輸送過來的具壓倒性與懾服力的快感與美感，使眼睛無法抗拒與閃躲，具有直覺上「第一眼」的優先性。

(5)雷射對推展都市空間環境藝術，尤其是美化都市夜景與製作「光的彩色噴泉」等方面，都將有可預見的功能與貢獻。

以上所說的，都將是雷射光在視覺藝術上所提供的可見與可預見的效益，也是它產生的正面價值。

然而由於藝術家，已被視爲精神世界的科學家，他必須也像物質科學家一樣精深入微地徹底了解到元素（創作媒體）的運作特性。既然如此，從事雷射藝術的創作者，勢必面對一個尚待克服的疑難，那就是雷射在純粹的「亮麗」感中，一直以快速的「射」性，做「自主的」、「不太聽話」的緣發展現，像這樣，它的作用力便特別偏向於官能快感的視覺反應層面上，對於人類內在生命在深層世界活動的心象與各種精神狀態，便難於掛勾、配合與切實的引發出來。因此，它在目前看來，似乎只能在「官能的快感世界」稱心如意的工作，或擔負主體藝術表現的「補助力」，尙不能成爲精確地反射出人類內在活動的獨立力量。這可證之於這次展出的實況：

在第三展覽室的綜合媒體動態藝術表現中，雷射光的運作形態，確能發揮官能上高度的快感與美感，但很難使之順利地進入內心理想的造型世界。而在第二展覽室中，獨由雷射光製作的畫面，則顯然缺乏生機勃勃的生命氣息，滿目幾乎都是好看的圖案，像是謝了的「雷光花」，看不出有緣自內在生命眞實的感動性與精神狀態，這就難免使藝術創作，失去它高貴的內涵力與品質了。不能不引起雷射藝術工作者的省察，並去重新做考慮與尋求改進。

縱然如此，雷射藝術在現代都市行動化與急速度衝刺的生活環境中，仍是它發展的有利時刻，因爲它色感的優勢、色彩放射性的優勢、色彩動力的優勢，以及色彩跳躍的節奏感、律動感與變化性，都是使它在視覺的「快感」與「動感」的活動層面上，產生具壓倒性的威力，對於這代人偏向於外動性的視覺活動世界，勢必帶來新的震撼；如果經過雷射藝術家今後不斷的摸索，又能馴服它的光能，深入到人類心靈的內層世界去切實工作，則雷射藝術將有無限的展望與遠景是可見的。

一九八五年四月

藝術家如何抓住「美」的轉化與造型能力

——兼談藝術家的「家」

我一直覺得如果人類對藝術不重視，那便是人類對自己的生命不重視；因爲藝術家永遠是爲人類乃至宇宙萬物完美與永恆的內在生命存在而工作的。

我此處所說的「美」是屬於思想與精神內涵性的「美」；非一般人所看到的表象的漂亮與好看；阿坡羅與維納斯的人體造型，固然美；梁楷的「潑墨仙人」，也同樣美；英國法蘭西培根筆下那些被扭曲的卑微小人物，也同樣美，就是海明威的「老人與海」小說中表現悲劇性的空漠人生，經過藝術表現的高度轉化，也都成爲具有震撼性的感人的「美」的存在。

在我看來，快樂、希望與美好理想的人生景象，固然是「美」的，但痛苦、孤獨、絕望與悲劇的人生景象，在藝術的轉化與昇華作用中，也是「美」的存在，所以有不少人，站在藝術的觀念上，都一致認爲：一切都要過去，只有「美」會永遠存在。法國詩人馬拉美更呼喊世人「向美致敬」。

的確「美」具有不可抗拒的力量。蒙娜麗莎的微笑，在「美」中，神秘的笑了幾百年；

貝多芬在音樂中，創造的「美」，被日本音樂界讚揚爲天國之音，並將他看成人類心靈世界的第二位上帝。

難怪在他當時音樂演奏終場時，台下坐的，有權力無比的王公、思想偉大的哲學家、富貴榮華的貴族，均站起來歡呼，心靈世界均被貝多芬「美」的樂音佔領，並引領他們的精神，昇越到生命完美富足的頂峯世界。看看它只是一點點聲音，它究竟含有多少噸智識學問思想與情感的力量，眞是將全世界所有銀行支票本最後的數目加在一起，也無法與這種偉大的「美」比價。

像這樣，對「美」的偉大的「轉化」與「造型」能力，如果缺乏，創作者便作夢也無法成爲藝術家了，更談不上去當大藝術家。

如果布朗庫西，在無限廣闊的空間裡去雕塑一隻具形的老鷹或麻雀、白鴿，而不從千萬隻鳥中，經過內心的交溶「轉化」與提昇成爲至爲單純幽美具有本質存在的那隻「飛行中的鳥」的「造型」，他怎能成爲當代大師。詩人陶淵明如果只停留在「東籬下」來回的「采菊花」，而看不見從內心中「轉化」與昇華的無限「南山」的「造型」世界，他怎能成爲不凡卓越的詩人——文字的藝術家；柳宗元如果只在寒江釣魚，而非釣「雪」——釣整個大自然、宇宙與作者內心中的「荒寒」與「孤寂」，柳宗元怎能以文字的藝術寫出那傳世且具偉大哲思性的詩。

可見對「美」的「轉化」與「造型」能力之強弱優劣，都事實上，在創作中，決定一個藝術工作者，是否能確實進入「藝術家」的位置。

譬如，你看到水平線，只憑肉眼來畫表面說明性的那根線，而不將那根線從靈視中「轉化」爲「宇宙最後的一根弦」、或「轉化」爲「牽著日月來去的那根線」等新的「造型」來看，則其中的差距，便勢必形成畫家與畫匠、藝術家與非藝術家不同的創作精神狀態。

現在我們來看附圖中幾位具有強大「轉化」與「造型」能力的藝術大師們的作品：

(1)「廣場」這件作品，加克美蒂把這一代肥胖的人體，「轉化」成瘦條像秋天的枯枝般，塑造在空蕩廣漠的廣場上，表現這代人精神的蕭條、瘦弱、孤寂、迷失的「造型」，是具有強大深入的影射力的。

(2)布朗庫西在「飛行中的鳥」中，將鳥說明性的外形消除，「轉化」爲鳥的無形的本質存在的造型，是傑出非凡的——由於「鳥」的本質存在，是飛行的；鳥的翼端，銳利的劃過有生命的天空，在潛在中的活動形態則有(1)閃光的造型、(2)「劍」的造型，(3)「飛機螺旋槳葉片」的造型……也有鳥本身「羽毛」的造型，而布朗庫西將潛在的諸多同位性的美的造型，於理想中溶合提昇出至爲單純與純美的造型，是特別顯示出布朗庫西具有創造上超「轉化」與超「造型」的偉大能力的。

(3)亨利摩爾在他「躺著的人」這件作品中，將「造型」世界，「轉化」到非說明性與具有無限圓融、圓厚、協和、完妥以及具強大實力與龐大感的造型世界，近乎已進入宇宙與大自然永恆不朽存在的架構與基型之中，呈現出龐大的造型世界，也呈現出亨利摩爾是具有偉大「轉化」與「造型」能力的大藝術家。

(4)蒙德里安的新造型觀念——像他的作品「紅黃藍之構圖」，更是將眼睛閉上，讓理念使外在世界(尤其是都市建築性的實視空間與景觀)隱退，只留下存在的絕對完妥穩實的架構與單純的基型，是特別令人著迷與產生無限的直覺性的思索之美的。這也是顯示蒙德里安具有內在更深入的「轉化」與「新造型」的不凡能力。他的型構是用來建架整個高次元的秩序美的空間的。

(5)德國新寫實畫家那格勒的作品「屋頂花園」，如果只是從表象看，則誰都會很快的以畫派來指認它是新寫實的作品，甚至會錯認那是從美術系剛畢業出來的學生也能畫的作品，但其實是兩回事。那不但是在構圖與技巧上，它是高水準的作品；而主要是畫中的人物與景物，在「美」的型態與構成上，表現了高寫實力且偉大的「轉化」與「造型」能力。

看畫中的那個人，懸空的站在樓頂上；雙手不可奈何的插在口袋裡，面對空茫的天空，腳下點綴有一些花木，「大自然」的生命，在都市中，是何等的脆弱！廣大的綠野，縮影在小小的盆景裡。他站著的背影看來很孤獨冷寂，沒有朱自清寫的「背影」好看；他的腳穿著尼龍襪，尚穿有皮鞋，鞋底尚有屋頂的洋灰地，下樓，還有大廳的地毯，走出屋子，尚有柏油路，因此他的腳，要想同原本大自然的泥土接觸，要經過無數的間隔與疏離，這中間正說明這位畫家，內在不但對存在具有深入的探視力；而且具有卓越與強大無比的「轉化」與「

造型」能力——能將畫中的人與物的存在，均「轉化」與「造型」爲這代人生活在現代物質文明世界中的孤寂形態，向全人類宣示。

如果說我國大詩人柳宗元在「獨釣寒江雪」詩中，是用文字的線條，在釣大自然孤寂荒寒的感覺；則這位德國的新寫實大畫家，便是用繪畫線條與色彩在釣廿世紀人類生活在現代都市中的孤寂感；同樣在創作中，顯示出大藝術家不凡的「轉化」與「造型」能力。

從上面的實例中，可充份看見詩與視覺藝術確是有某些互動性與關聯性的。

由於詩人與藝術家的心象世界大多是相通的，因此藝術與詩在創作上，常有彼此相映照與相呼應的地方。如抽象派畫家認爲「自然的終點是藝術的起點；我們畫不過自然的本身，但可表現自然。」又如蒙德里安說：「不往窗外看，用抽象的理念來組合它，這就是絕對的抽象的表現。」……這些看法，同詩人採取「內視力」奔向無限深廣的精神境域，確是相近似的。再說，新寫實畫派理論家丹史特（R.G. DIENST）強調「新寫實的內涵，比自然主義更豐富」，以及凡茲霍爾（FRAZROH）更認爲「新寫實是奇特的（魔術的）寫實主義」，這同有部份詩人逼近現實層面趨向即物表現，在創作意念上，多少也是有共通性的：又如「普普」與「集合」藝術，同詩中運用多元意象的疊合表現，也是有共同點的；就是古詩中的「枯藤／老樹／昏鴉／小橋／流水／人家……」不但早就運用了集合藝術（ASSEMBLAGE）的手法，而且運用了電影上蒙太奇的手法；此外像超現實大師達利，把手錶畫成流體（因時間是流動的），把手錶也畫在似手的樹枝上（因樹也在時間中成長）——這種在有意識的錯

覺中，所凸現的更爲驚異的眞實，同詩人寫「黃河之水天上來」等超現實表現的詩，也是有相互映照之處的

接著來談藝術家如何拓展「美」的「轉化」與「造型」能力。

這問題在根本上，要看藝術家究竟在內心中潛藏有何等豐富的美感經驗，能用來「轉化」對象到更爲富足與完美的「造型」世界。如圖五中的對象A，是要創作者內心具有同位性的潛在美感意象$A^1A^2A^3$……相交感交溶，方能「轉化」成爲A^N的無限美感意象，呈現更有內涵力的「造型」世界來。如果藝術家內心空乏，缺乏確實深廣的視覺美感經驗，他便無法使創作對象獲得「轉化」與「造型」的強大實力。結果作品便難免流於浮面化、甚至俗化，便自然缺乏感人的深度與內涵，而淪爲畫匠而非藝術家了。

5. 創作之輪

①深入的「觀察力」
②深入的「體認力」
③强大的「感受力」
④卓越的「轉化力」
⑤卓越的「昇華力」

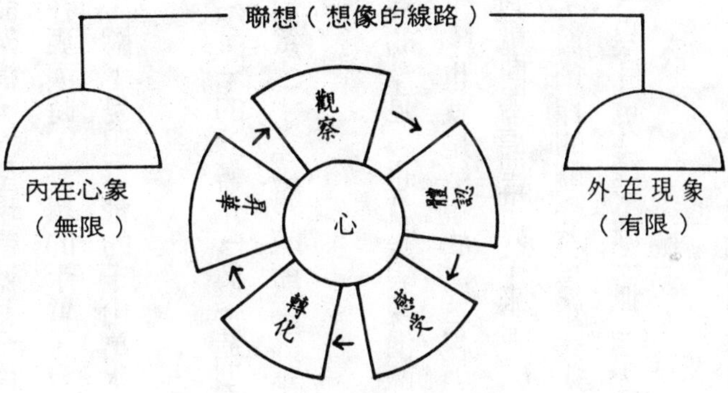

對象→潛在意象→美感意象

$A \rightarrow A^1A^2A^3 \rightarrow A^N$

詩與藝術絕非第一層面現實的複寫：而是將之透過聯想力，導入內心潛在的經驗世界，予以交感、提昇與轉化爲內心的第二層面的現實，使其獲得更富足的內涵，而存在於更龐大且完美與永恆的生命結構與形態之中，所以詩能使我們從目視的有限外在現象世界，進入靈視的無限的內在心象世界。

事實上許多從事詩與藝術的工作者無法成爲藝術家，主要便是因他缺乏上圖中經由「觀察」→「體認」→「感受」過程、進而達到「轉化」與昇華形成新「造型」世界的能力——他看不出葉子在風中飄落時，「落葉」竟會「轉化」成爲「風的椅子」的視覺畫面；他也不會把水平線看成宇宙最後的的一根弦，或是看成一直牽著日月進出來去的一條繩子；他當然也不會了解「雷恩的女兒」大導演爲何將男女在樹林中幽會作愛的鏡頭，轉移以整座太陽上下來回壓住整座樹林的畫面，並發出「上下壓」的聲音，來表現男女之間的愛慾行爲，已昇越進入大自然永恆存在的生命架構，而呈現震憾甚至偉大感人的畫面與「造型」；他當然更不會體認高水準的舞蹈團，在表演時，高舉的手臂，竟能看成天空的支柱，原野上無數的樹桿，甚至大步在空中跨跑時，腳下是跟著飛的千山萬水；不像有人猛跳，一條水溝都跳不過去。

事實上大藝術家要抓住「美」的「轉化」與「造型」的能力，已不能不去推動上圖中那隻由「觀察」→「體認」→「感受」→「轉化」與「昇華」所連合成的永恆不朽的創作之輪：

一、深入的觀察力

由於詩與藝術是表現內在的深見，也就是表現潛藏中不可見的更美妙的部份，所以藝術家必須具「深入的觀察力」——也就是敏銳的第二視力——靈視，以便探視入生命與事物的深處，將「美」的一切喚醒到畫面與造型世界中來。

的確「觀察」力的深淺，與創作的關係至爲重大——「深」則可到生命與時空的深海去作業，捕捉「大魚」；「淺」只好留在淺水灘去抓「小魚」了。

二、深入的「體認力」

由於「體認」中的「體」字，決定了認知的內容與方向，絕不同於單從書本與智識中所認識到的，所以坐在圖書館內看「辭海」中的海，絕比不上坐在海邊觀海，將海看到自己生命中來；將自己看到廣闊的海裡去，來得對創作者有利。所以，在報紙上看到一萬人在戰場上被殺，往往比不上你親眼在戰場上看到刺刀插入一個人的心臟，來得深刻；所以我們對時間的認識，也不只是去看鐘錶，而且要從滴答聲中，去傾聽心脈的跳動，深一層地「體認」鐘面上的長短針，已像是架設在時間廣場上不停地旋轉的絞架，隨時可聽見生命被絞痛，發出嘶喊的聲音，甚至可聽見詩人陳子昂在詩中感嘆：「前不見古人，後不見來者，念天地之悠悠，獨愴然而涕下」的聲音。

的確，「體認」是至爲重要的，因爲藝術家是創造「生命」，而非製作標本的，所以羅丹說他的工作室在大自然；海明威說他的創作間在海洋與非洲大陸；所以我們臺灣住在都市公寓裡的水墨山水畫家，不能不面臨重大的挑戰與困境，因爲他們住在城市裡，建築物圍攏來，在街口把天空與原野吃掉，打開冰箱，只看見冰山冰水，缺乏對大自然直接與眞正的感動，所以畫中的境界，都難免帶有「人工化」與一些美的虛飾性；不像梁楷、董源，八大，長年住在大山大水中，他們在創作時能進入大自然生命的實境與眞境，創造出眞正神與物遊、出神入化眞氣撲人的水墨山水畫來。

三、強大的感受力

由於強大的「感受力」，能把強大的反應力，引到作品中，產生強大的震憾力。你如果沒有詩人柳宗元由「觀察」與「體認」所產生的強大的「感受力」，你就不會有從「獨釣寒江魚」進到「獨釣寒江雪」那樣更深一層的存在感覺與人生境界；你如果沒有貝多芬那樣對生命的「感受力」，就不可能創作出那些震動天國的永恆的樂音，而被日本音樂界讚頌爲人類心靈世界中的第二位上帝；同樣的你如果沒有上述那位德國畫家那樣對現代人生存處境具有深入的「觀察」與「體認」，所產生的強大「感受力」，你也許只能畫外在的那些說明性的人物與實景，而不會創作出震撼人類精神與思想層面的作品來。

四、卓越的「轉化力」

由於卓越的「轉化力」，已被視爲是創作世界的「太空發射站」，能將作品的生命，像「太空梭」般向無限美的境域，不斷的超越與昇華。事實上「轉化」也是藝術家進入創作世界的「轉運站」。

的確，沒有「轉化力」，創作者內心的感受世界，便無法澈底且全面性的展現出來，所以大藝術家都必須具有「卓越的轉化力」

五、幽美的「昇華力」

由於從「轉化」中不斷「昇華」的一切，均多少具有一種眞實且幽美的形而上性，能把作者內心從現實上獲得的「有」，推展爲無限超越性的飽滿的「有」，而呈現出生命永恆存在的更具內涵力的新的「造型」世界，所以大藝術家都必須具有將一切經過「觀察」→「體認」→「感受」→「轉化」，然後「昇華」成爲可觀與有實力的「美」的「造型」世界的能力。

綜觀上面所說的這隻由「觀察」、「體認」、「感受」、「轉化」、與「昇華」所構成的「創作之輪」，於不斷的轉動之際，便不但能進入藝術生命的旅途，也同時進入萬物內在生命的旅途。事實上，這隻輪子，幾乎已是詩人與藝術家在創作世界中活動，所必須也是唯一使用的一隻獨輪。只有當它不斷滾動入更深遠與廣闊的境域，作者的創作世界，才會有偉大不朽的可能。所以當貝多芬，駕著這隻輪子，從「英雄」與「命運」交響樂的世界，滾進了「第九交響樂」更爲渾厚與壯闊的世界，他便也同時滾進了永恆。至於大部分創作者（包括各種類型的文藝作者）因在內心根本就沒有那隻走遠路的輪子；即使有，也大多數在還沒有深入可觀的遠景時，那隻輪子，已被庸俗、勢利以及不夠執著與專一的精神所構成的阻力，而停下來，或因生命力與心勢的衰退，內在能源缺乏，而拋錨不動，那如何能使創作世界有輝煌的展望？所以在目前常有人感慨的說，國內的藝術環境，相當熱鬧，但仍缺乏有大氣度與大景觀的藝術家風貌之出現；我想大概都與這隻「創作之輪」的轉動情形有關。

再接下來，談藝術家的「家」，我想藝術工作者，都很關心這個問題，現在我將它分爲兩方面來談：

一、藝術工作者生存的家

世界上所有的藝術工作者，均必須有能力創造「內心第三自然」的「家」；也就是必須有能力將「田園型第一自然」與「都市人爲第二自然」等兩大自然實際生存空間，「轉化」爲「內心第三自然」無限「美」的藝術活動空間，其實「內心第三自然」，已不但是藝術工作者生存的家，而且更是藝術家以及所有大藝術家精神、思想爲「美」終生工作的地方。譬如陶淵明詩中的「悠然見南山」中的「南山」，柳宗元詩中的「獨釣寒江雪」中的「雪」，王維詩中的「山色有無中」，以及上文談及的音樂大師貝多芬與大畫家大造型藝術家，他們作品所發出的聲音以及所呈現的畫面與造型，都是「內心第三自然」的產品，只有「內心第三自然」中的靈目與靈耳，方能看見與聽見它們。藝術工作者，在「內心第三自然」無限自由廣闊的世界裡，他可使創作進入無所不在的境界；他可有用天空來容納鳥的偉大胸襟，不再用鳥籠來抓鳥那樣的狹窄與短視；他甚至可像世界上許多大藝術家一樣，已拿到「上帝」的通行證與信用卡，可海闊天空的在創作世界中，經營人類偉大永恆不朽的精神事業。

的確，藝術工作者，若沒有轉化「第一自然」與「第二自然」進入「內心第三自然」的能力，他絕無法當具創造性的藝術家；他至多只能當藝術工匠，製作那些缺乏創造性的標本與低俗的工藝品。

二、藝術工作者，要想成為藝術家，則必須：

(1)內在生命要擁有三個海：

第一個海是辭海——智識性的海，藝術工作者，雖不必像學者特別的依賴智識與學問；但不讀書，缺乏知性與理性的思考；缺乏對藝術美學的認識，則做洪通型的素人畫家尚可以，但要做像世界上具有思想與觀念的大師級藝術家，那只好做夢了。

第二個海是現實世界中千波萬浪的海，藝術家雖也可根據間接經驗來創作，但從親身體認的直接經驗獲得眞正的感動來創作，則更爲理想。因爲藝術家確是另一個造物主，他要創造的，是藝術眞實的生命；不是憑空製作的標本。事實上，一個經過同現實世界千波萬浪的海搏鬥過的藝術家，同一個不曾與海接觸過只在書本與圖片中看見過海的藝術家，於表現海的存在時，則實質與結果上，便絕不會相同。海明威因與海特別的親近，才寫出深刻而具有生命觀照力的巨作「老人與海」來，他若只坐在豪華公寓沙發上，看玻璃水箱裡游來游去的魚，怎能寫出那樣偉大的作品，的確，生命缺乏豐富與眞正體驗的藝術工作者，他的思想精神與內心世界，大多不是蒼白便是患貧血症。

第三個海是藝術家內心中千變萬化的海。這個海應是其中最重要的一個海，因爲第一與第二個海，仍只是藝術家心目中的「材料」；非藝術家的普通人也能擁有這兩項材料，只是他們沒有藝術家內心中那具有美感的千變萬化的海，能將那兩個海在美中溶合、轉化成爲藝術世界中更爲無限壯闊壯觀的海。

的確，第三個「海」，一直在決定著一個藝術家的前途，有沒有可觀的展望。這個海它如果深廣卓越非凡，則其創作的世界，也必隱藏有發展的強大的潛能與潛力，其實這個深廣卓越非凡的千變萬化的海，便就是靠藝術家大的才華與智慧來展開與呈現的。所以我一再在論文中強調：沒有天份與才華，來從事詩、文學與藝術，那的確等於是大肥子在跑百米，靠「書本」與「苦練」都不會有什麼好的結果的，如果那樣能有可觀的結果，則貝多芬、杜甫、李白、米開羅基羅、畢卡索會多得像週末街上的行人。

藝術工作者能切實擁有上述的三個海，同時這三個海又夠大則成為大藝術家的可能性也必大。

(2)要具有藝術家的氣質與品性，甚至要具有像宗教家那樣虔誠嚮往與信仰的精神，將全生命，都執著專一的為藝術工作；始終背負起由「美學」與「心境」所交加成的那座莊嚴且沈重的十字架，不為功利、庸俗與浮面的生存世界所污染；寧可在孤寂感中，堅守住藝術家純淨的藝術工作精神。許多藝術工作者之所以在不知不覺中消失與死亡，便是由於他們本來就缺乏藝術家的氣質品性與情操，加上自己沒有超越的人生價值觀；則後來被勢利、庸俗、卑微的存在環境所困禁與淹埋，是很平常的事。此刻，藝術生命已被解體，那裡還會有詩人與藝術家可言。

最後要談的一個問題，是在目前詩與藝術能為人類做些什麼呢？也就是再度對詩與藝術存在的永恆價值之重認。

在目前物質文明與科技高度發展的情形下，如果沒有詩與藝術的參與，人類的生活空間，將越來越被物慾與性慾所佔領；人類便勢必一直被放逐到物化的形而下世界，缺乏形而上的精神昇力，而像文明的動物般，渡過單向性地享受性慾與物慾的生活……從表面上看確實很熱鬧繁榮與滿足；但從內心看，精神卻感到生存莫名的機械化、緊張、焦慮、冷漠、空乏與孤獨，在過去的一些日子裡，西方就有一位思想家曾說：「人出生、工作、生活、然後死掉」；在目前後現代西方思想大師詹明信卻更進一步說：「人已活在沒有深度、崇高點與對歷史遺忘的情況下」，像這樣，人便在後現代逐漸成爲流行、浮面的生存漂流體。生命甚至在高速轉動的文明齒輪下，被切割成無數的碎片，或像用了便摔的保麗龍瓶罐，多麼令人疑慮。

此刻，我深深覺得，只有詩與藝術的力量方能進入人被物慾、性慾全然佔領的內心空間，去進行救助的工作。由於大家只忙賺錢享樂，遠離詩與藝術的「美」，不但人的內在空間不會美，就是整座繁榮的臺北市，也不會美。因爲只靠錢與機器，臺北市的景觀仍是美不起來的。而且許多地方還顯出非常俗氣零亂與不調和的醜態。事實上，只有詩與藝術能確實有力量使人類生存的內外世界，從本質上澈底的美化起來。

註：此文是一九八八年應邀在臺北市美術館舉辦的「文學與藝術」演講系列中的講稿，收入市美館美術論叢「文學與藝術」的專書（一九九八年出版）

II

「東方」與「五月」25年回顧聯展有感

「五月」畫會與「東方」畫會，已事實上被認爲是在臺灣開創現代繪畫與中國人新視覺世界的破土者與拓荒者；他倆一人一邊把故宮深鎖住「傳統」的兩扇門推開了，使傳統走向現代；使中國繪畫藝術的歷史櫥窗裏，有了新品；使這一代中國人的眼睛，在活動中獲得寬暢的多線道，而探視入新的廣體的視境，享受現代多彩多姿的視覺生活。

一、回顧中的感言

「五月」畫會與「東方」畫會這次聯展，確具有歷史性的重大意義。這兩個畫會，同中國現代繪畫的發展史，是息息相關與連在一起的。

回顧到廿五年前的畫壇，再轉回來看目前畫廊林立與中國現代繪畫蓬勃的情形，我相信任何一個關心中國藝術的人士，都會在內心中，感到一些慶慰與滿懷都是祝望的。

誠然，這兩個畫會，已事實上被認爲是在臺灣開創中國現代繪畫與中國人新視覺世界的破土者與拓荒者；至於後來也陸續有不少傑出的畫家，參與這一全面性的中國現代繪畫運動，那是自然也是必然的事。

我認爲這兩個畫會，最大的貢獻，是有勇氣把故宮深鎖住「傳統」的兩扇門，一人一邊的推開了，使傳統走向現代；使東方與西方接觸；使中國的畫家，從此不再侷限在「古、今、中、外」任何一方面狹窄的視道上，而擁有視覺活動的自由壯闊的空間，充份發揮藝術家創作的智慧與慾望，這影響是深遠的。

由於傳統與現代，東方與西方的接觸之後，傳統與東方，便不再只看見一成不變的自己了。既有新的發現，畫家們便不能不去探索與創造新的繪畫語言與技巧，來做爲傳達的媒體。東方畫會與五月畫會，便是首先接受了這項具歷史性的任務，創造這一代中國人視覺的新的語言。

一般看來，東方畫會在探索繪畫新的語言技巧，以及接受西方現代藝術思潮的影響方面，在當時是較五月畫會更爲激越、尖銳與具冒險的精神，所以在畫面上，經常表現著一種緣自現代人潛在的自我意識，對存在於新視覺環境中的強烈感應，便也因此較偏向於西方當時所盛行的抽象與超現實表現了，這種以現代人生存的新環境（非限定的自然山水），做爲廣體的視野，透過抽象與超現實手法，所創作的各式各樣的新的畫貌，是有預期性的發展與影響的。後來的年輕畫家在表現自然山水以外的視覺面，所做多向性的探索、實驗與創造；以及目前臺灣的畫廊，除展售新舊的山水畫外，尙有各種新派畫（無論是模仿西方或具有自我創造性的），使這一代中國人眼睛的橱窗，有了更多的陳列……，這都可說是或多或少同東方畫會所努力與所付出的心血有關的；至少是順著東方畫會這股狂熱與新的創作動力延伸下來而形成的。當大家分享著這份難得的成果之餘，聽到東方畫會同人，在藝術家雜誌主辦的那次座談會上，一再稱呼李仲生老師時，這位忠於中國現代繪畫運動的苦心人，便也在衆目中成爲東方畫會甚至成爲中國現代繪畫藝術的護航者，當然，此外尚有顧獻樑與于還素等藝評家均是對推動中國現代藝術有貢獻的人士。

於另一方面，五月畫會在中國歷代以水墨與自然山水爲繪畫主調的這一個龐大穩固的傳統中，面對面的提出新的創作看法，也是有貢獻的，我說面對面，是仍以水墨來畫自然山水，但敢於採取異於傳統的表現手法，大膽使用現代繪畫的抽象觀念，使畫面上的構圖、格局、造型、乃至用墨運筆，均有突破性的表現，顯示出不同於傳統山水畫的風貌。因而也在畫中，開拓了這一代中國人探視自然山水的新視覺環境；在畫布上，重新呈現自然山水的形態，及其存在與活動的新的空間秩序，使繪畫趨向現代人的「視感」與「視境」。這站在藝術不斷創新與求進的觀點中，是應該值得重視的。至少當我們看過故宮傳統珍貴的山水畫之後，尚可繼續在現代畫廊裏，看到五月畫會的畫家們與其他的現代畫家們所畫的現代山水畫，豈不有柳暗花明又一村之感嗎？縱使此村尚一時比不上彼村，畢竟又多了新的一村，給中國繪畫藝術的櫥窗裏帶來了新品。

我一直覺得，人活著（尤其是身爲創作者）能爲自己生存的地方帶來一些是以往所未有的美好的事物，縱使它比不上已有的輝煌，也値得我們去關心與激動，何況它多少還存有超越前者的某些可能性，有待後來者付出更多的智慧與努力去達成，我們怎能不存讚揚與寄望之心呢？

二、靜觀中的期望

不可否認的，五月畫會與東方畫會，於推開故宮深鎖住傳統的兩扇門之後，確給中國繪畫，展開了一個廣闊的新視覺空間，與帶來多彩多姿的創作風貌。其中有具獨創性的風格，當然也有東拼西湊抄襲西方的，大體上看來仍是可喜的，國人在目前也多少對現代畫有些好感與欣賞的能力了。這不也是一種進步的現象嗎？

當然在目前要把中國現代畫家的作品，去同中國傳統畫大師與西方現代大師的作品相對照，則的確仍有一段令人不能不關心的差距。這段差距已事實上成為中國現代畫家，要登峯造極，所必須苦行與掙扎的一段路；也是必須衝破的一條封鎖線。否則，殊難使創作的風貌，由「小潮」、「中潮」，進入「大潮」，像西方現代大師們的繪畫生命那樣，現出具國際性的偉大形象來。

誰都看得出來，在目前要中國現代畫家以「重量級」的姿態，步入國際畫壇，似乎仍受心力與技巧上的限制，必須切實去找出這些限制是基於什麼，然後來面對與設法克服它，方有可能使情形改觀，而有希望產生具世界性的大畫家來！

首先談心力所受的種種限制：第一、作為一個中國現代畫家，在傳統固有的社會形態與種種生活的規範中，其創作的潛在心態與想像力，總難免於無形中受到某些約束，這就是大家都承認的一個事實，常說中國人較保守，較缺乏突破與創新的精神，在藝術上，難能像西方畫家充份且自由發揮創作的潛力，第二、大多數現代畫家，都生活在都市裏，整個視境納入浮動的都市文明面，表現自然山水，則往往缺乏內心深入與眞摯的感受；表現都市嗎？眼睛吸收的，又缺乏西方都市的強度與震撼感，在國外的中國現代畫家，也許情況較好些，可是在別人的地盤上，同別人較量本是別人的本領，總是不易佔上風的，第三，畫家擠在都市裏，要生存，便想法子賣畫，賣一般人喜歡的畫，賣慣了這類畫，當初要誓死成爲嚴肅性的眞正畫家的這份專一的心力，也逐漸失散且盡「瘁」了。第四，是中國現代畫家在創作的心態中，潛伏有一種不可奈何的阻力。即使一個中國現代畫家，有魄力克服上面的任何限制，也不能不承認第四種是最難突破與超越的一種限制，那就是中國的現代畫家，從傳統走進現代，接受西方的影響之後，無論是面對大自然或都市的新視境，其創作的心態，好像一直處在掙扎與無法平定的困境中，雖似有突破，但又多少仍在徘徊的狀態中，尚不能步入那超越過後的確實厚重的巨構型的創作世界。這是爲什麼呢？很明顯的，一個中國現代畫家，自中國傳統一元性內在靜觀的視境走出來，被西方現代二元性具外動性的視境拉了過去，形成一種進不進、出不出的相消受的拉鋸式的局面。這現象，使中國現代畫家（尤其是畫自然山水），在創作時的心勢，有一種看不見的相當約束力——要向「外」像西方畫家儘量任放時，卻受制於東方人潛在生命的「內」拉力，便達不到西方畫家，如康丁斯基與法蘭西斯在抽象表現中的那種高強的外射力與無比的震撼力；要向「內」深入時，又有西方現代文明的外動力向「外」拉，便達不到傳統畫大師，在畫中所表現的深遠的視境，與透過大自然實底，所充份把握到的質感，因而只能產生一種是由傳統與現代兩方面力量相消受相中和的創作情況，尚不能充份掌握兩方面強大的內涵力，溶合且超越成一種具震撼性的表現，這種情形，在目前，都已事實上有待所有從傳統走進現代的中國畫家們，拿出更大的智慧、心思、才華與努力，來使之改觀，而期有具世界性的中國現代大畫家產生。

至於如何才能使之改觀以及使中國有眞正的現代大畫家出現呢？我想這是很容易回答，但可不容易做到的，那就是要求一個中國現代畫家，不但是能從傳統走進現代，而且還必須具有足夠的心力與智慧，在本質與內涵而非只在形態上，去切實體認與駁駕「傳統」與「現代」的雙重力量，並使之轉化且超越於兩者之上形成爲一種確實具有深厚內在實力的創作世界，方有可能把握到做爲一個具世界性的大畫家的最主要的條件。即使從另一個角度來看，作爲一個中國畫家，站在「藝術無國界」的自由觀點中，把現代文明所展開的視覺世界，看成中性對象，然後同西方畫家一起站在創作的水平位置上，我們仍然要指出強者的主要條件，是在於畫家強大的心力與視力，對現代文明切實的擁抱與透視，所產生的強烈與感應反應與「實視」這方面，如果中國現代畫家確實有那種魄力與自信；仍是可在西方現代藝術浩浩功力及其創作在藝術上所表現的才至目前，我們的現代畫家，有誰能確實有魄力，在國際畫壇去同西方的強者較量？

的確，一個具有偉大風貌的藝術創作者，總是由他偉大完美的「心」，自由自在的走成那偉大完美的樣子與「方法」來的，只有第三流的藝術家，才會專在「畫派」與「方法」裏瞎忙瞎轉，而忘了用線條與色彩去眞正抓住自己內心的動態與動向，不斷地提著一個又一個好看的鳥籠（「畫派」與「方法」），而眼巴巴的看著鳥在鳥籠外的遼闊的天空裏飛，鳥籠仍是一個好看的空乏的鳥籠，試問沒有內容的形式，豈不成了包裝紙嗎？

其次來談技巧與傳達媒體所受的限制。第一先談在技巧上的，西方現代繪畫，自塞尙開始，接著普遍的受韃韃的藝術觀念影響過後，畫派便不斷的產生，繪畫上的表現技巧，也層出無窮。而這些年來，中國的現代畫家，在處理現代都市生存的視覺層面時，好像不得不屢跟在西方現代畫家的後面，亦步亦趨的模仿著別人的創作觀念與技巧方法，好累！好「小兒科」的作法，似乎一直無法呈現出自己具獨倡性與超越性的大風貌來，這究竟是爲什麼呢？固然臺灣的藝術環境缺乏世界的前衛性與刺激性，是原因之一；個人的才華是原因之二；更重要的還是創作者的心力與專一精神的不夠，無法像畢加索等大師們那樣執著且有魄力，能消化傳統與現代，能吸收各種畫派的精華，形成爲一己全主動性的創作狀態，這是必須去苦修與不斷努力才成的。否則，我們的現代畫家，將永遠受制與被動於西方現代的畫派與技巧的影響之下，失去主動性，而無法從自己的藝術生命中，也創造出影響西方人的大作品來。縱使我們有一部份現代水墨畫家，絕非模仿與抄襲而是吸收西方抽象與超現實乃至立體畫派等的藝術技巧之功能，溶入中國現代的水墨畫裏去，獲得相當好的效果並具有創意，是値得喝采的。然而要想以夠龐大與夠具有震撼力的大家風貌，突出於國際畫壇，那不只是須要畫家付出足夠的努力與心力，就可做到的，更需要畫家本身確實具有大天才。第二來談傳達媒體的限制性，凡是不了解媒體屬性的藝術家，便決不了解藝術在創作時，所將發生的效果，所以，藝術家必須像科學家一樣，了解所使用的元素與媒體之極限性，方能把握最佳的效果。譬如現代畫家若用水墨與宣紙來畫都市文明的景物（如玻璃、鋼鐵、汽車、洋房的感覺），效果一定不會太好；相反的，油彩與壓克力顏料，若用來表現中國的自然山水，也許可使畫面產生極美妙的快感，激引現代人偏於官能性的視覺活動；但作用到中國傳統山水畫所強調的意境與神韻裏去，卻難獲得深一層的效果了。所以一個具有創作力的中國畫家，在創作媒體，獲得全然自由運用的現代藝術觀念下，是應該不斷從各方面去探索、體認、實驗與吸取各種媒體的新功能，以便視情形，予以有效的運用，方能充分發揮創作的威力，拓展與壯大創作的風貌與領域，這也是一個大畫家，所不能忽視的。

最後我想在此再一次肯定的說：一切事物之所以偉大，必定是它的「內容」先要偉大。方法與形式也許可造一朵絕美的塑膠花，但無法造生命，尤其是偉大的生命。我們可花二、三年的功夫，把世界上所有畫派的創作方法，都明明白白的照說與照抄出來，但我們要達到八大山人、齊白石、梁楷、范寬、畢卡索與康丁斯基等人創作的生命歷程與遼闊的自由心境，那的確是花一輩子的功夫，也不見得有什麼結果，由此可清楚地看出，一個偉大的畫家，是永遠在不停的創造中，能使他的藝術觀念、方法乃至色彩與線條等媒體，切實的同他潛在強大的心力與內在深遠的自己，合爲一體的。我絕不相信，一個精神思想與內心生活空乏的人，能眞正的有什麼觀念與能創造出什麼作品出來，我一直懷疑，一個不把脈膊與心臟，磨入鐘錶齒輪裏去的人，能確實畫出「時間」最感人與最美的形象來。我一直認爲只有不斷以內心向可見與不可見的世界進行探索的畫家，才眞正有東西可畫；只有執著地從勢利與世俗的層層阻力中超越，步入最孤寂的時刻，使自我世界成爲最明亮的鏡面，才能眞正看清可畫的東西，而步入最純正的創作生命。這也是我對中國現代畫家深切的企望，但願大家在這次兩個畫會聯展的重大時刻裏，有所覺醒，爲展開中國現代畫更輝煌的前途而努力。

註：這是五月與東方廿五年回顧展，在明星咖啡店舉行座談會，由李仲生教授主持，我將發表之重點意見，再做發揮寫成本文。

民族晚報一九七一年六月九日

內在視覺世界的探索

——看李仲生教授畫展有感

首先在此對李仲生教授二十多年來對中國現代繪畫的拓荒工作以及對後輩畫家的啓導與一生爲藝術所付出的殉道精神，表以內心的敬意。

從李教授這次展出的作品與他所持的藝術觀點來看，我有一些感想與看法：

一、從創作的精神層面看

我深信所有的藝術家，都是爲開發人類內在無限的視聽世界而存在的，則他必須以全然開放的「廣體」的心靈，來接受外界的一切，並將之導入一己潛在的生命之流，予以交感轉化而獲得無限的延展——這也就是把人類生存於第一自然（田園山水）與第二自然（都市）等兩個視覺活動面，所呈現的第一現場，投入內心世界的第二現場，使之由目視轉化爲心視的無限的第三自然——這也就是藝術家心靈活動由有限的外在性的「有」到「無」，再到無限的內在性的「大有」之最高境界。

李教授便是以這種意念與心境來創作的，於是他確實地把握到藝術賦給人類自由創作的精神與想像力，以及瞭解藝術生命活動不受局限的廣大的範圍與涵蓋力。

如果我們認爲藝術的最終與最高目的，是在人類內心的美感空間裏，造起一座與上帝的天堂相爭光的「天堂」，那麼經由藝術心靈轉化爲「美」而存在的一切，都應被納入，這一具世界性與久遠性的藝術觀念，是頗能使李教授接受與同意的，因爲他已體認到藝術家「美」的心象活動，是能超越與昇華到全人類所共見的世界。於是他的藝術生命，也自然地擴展到下面的狀態——作爲一個畫家，他不但是身爲中國人，而且是身爲現代的中國人與現代世界中的人，更是他不斷在內心中追索與超越的「自我」；並且在創作時，特別將一己的心靈，當作轉動時空的軸心，以達到萬物因我而動而靜的境界，凡是美好的，均成爲無限的追隨，排除「古今中外」之間因相拒性所產生的狹窄觀念，開放人類尤其是藝術家內心活動不受局限的全部空間，任由畫家依照一己內心的須求，自由的吸納與表現，所以李教授他從不反對別人畫「山水」，也從不反對別人畫「都市」，他反對的，是既不能把「對象」導入內心自由與延展性的看見中，形成爲藝術眞正的生命，反而把對象扼殺在狹窄陳腐與僵化的觀念與形態中，他始終重視一個畫家內在的探索與深見，並認爲以直接的心象較簡接的物形，更能滿足藝術表現的自由意念，並能使畫面呈現出精神的造型世界。

也許有人認爲李教授的畫，較缺乏民族性的形態與質素，但這不能說他全部的畫都如此，譬如他這次展出的作品中，也有一部份畫，畫面上的線條、色感與形態的給出力，仍是緣自中國自然山水在他內心中的潛意識活動，所產生的，只是他並不刻意的去強調，正如他也不刻意的去強調西方性一樣，他是順乎自然的把心中的一切，表現在畫面上，它可能含有東方性，也可能含有西方性，可能兩者都包含，可能純粹是他所謂的「精神的語言」；或者只是他超越的心靈，進入那分不出「古、今、中、外」所渾合成的「永恆」時刻中，站在無限的『內視線』上，放目而望，放心而畫的無限世界。此刻，如果從民族性的多寡比率，而不從作品所完成的「生命性」與藝術效果來衡量他的畫，是否妥當呢？這是值得商討的問題，其實這問題自中國現代畫一開始便存在著，原因是一向偏重以自然山水花鳥人物等表現中國人天人合一自然觀的具象畫，來做爲中國文人畫的主流，這股強大的傳統，發展到目前不斷開發中的現代文明世界，面臨著另一個不斷變化且逼近我們生活中來的新視覺環境，並帶來視覺活動新的美感經驗，吸引住不少現代畫家，去從事現代人生活的新視覺活動空間之開發與建立，在創作時，便勢必採取新的審美角度與新的表現技巧，甚至接受西方的影響，而自然地與傳統畫產生了某些分歧。這種分歧，如果站在世界性的藝術觀點上來看，則只有畫本身的好與壞，民族性的比率，只是畫中的自然因素與現象，但若站在強調民族性的藝術觀點上來看，則無論在國內國外已成名的中國畫家，所畫的那些偏於西方性的畫，不管有多好，也很難被認可了。就是李教授這次展出的那些引起畫壇重視的精心之作，雖有大家之風，且某些作品也含有東方性，但仍難免有些問題。本來這種分歧，有好的反應，也有壞的反應。壞的反應，是各立門戶，互相攻訐，影響對藝術追求與創作的純正與寬大的心胸；好的反應，是使畫家與關心中國繪畫未來前途的人士們，能以冷靜客觀的態度以及遠大的思想與智慧，來面對這種分歧，並從分歧中，有所對照，有所揚棄與取捨，而發現那些是目前中國繪畫在現代生存環境中無法阻擋的創作動向，甚至在這種分歧中，拿出觀念與強大無比的創作心，來探索與創造一條溶合民族性與世界性於一爐的中國繪畫主流，而矚目國際畫壇，我相信這是任何人看過李教授這次深具意義與引起畫壇至爲重視的展出，都可能有這樣更進一步的期望的。

一、從畫派看

在我參加李教授的畫展記者招待會上，就有人問李教授的畫屬於那一派，當時李教授回答說：「我的畫是非畫派的、非文學性的、非求敘事性的」，甚至我們可以說他的畫只是他心靈的自動鏡頭，直接攝拍他眞實的思想情感與精神，在生命深處活動的無數影像。

儘管李教授極力否認他的畫是非屬於畫派與文學性的，但事實上，他強調心象與潛在生命的活動之「形」，在畫面上呈現出精神的造型，便已涉及超現實畫派及超現實畫派本來源自文學意念的範圍。然而我們不能單從表面意義上去指出其中有牴觸之處，我們應該更深一層地看出其中並不相牴觸之處，因爲只要我們明瞭李教授的藝術觀點與創作精神的活動層面，是意圖使一己的心靈，透過藝術無限地超越的力量，從一切有形與無形的阻撓中超升與穿越出去，而獲得無限的舒展與自由遼闊的境界，則難免偏入「抽象」與「超現實」兩者之一的創作動向之中，我們便可了解李教授在畫面上全然解放潛在的心象活動時，一面反對受任何畫派的約束，一面又被超現實畫派與它的文學性所圍繞，是自然的現象，正像人在陽光中，想跳離自己的影子一樣，是無可奈何的，但在無可奈何中，我們反而相對地看到李教授迫近藝術的純然與絕對的心力，是超越且抗拒任何畫派的約束的。

從自然派逼眞的外在形相——到野獸派將有形對象的色彩與特殊部份予以強調與誇張以滿足主觀性的要求。——到立體派將與有形對象於存在環境中相關的形，納入視覺空間交錯成具象（或抽象的幾何圖形）的疊面與疊形，以加強對象多元性的視感。——到抽象畫派棄形，而追索內在無限地自由展現的視野，使心靈的雙目，像進入夢一樣任放與飄流的狀態，去面對那個「聲音可看見，形象可聽見」的無限世界。——到抽象畫派之前的超現實畫派，溶化一切在潛在意識與經驗中，使思想與精神活動的原型，透過心象，以無形之形，自由自如的呈現於畫面上，產生純然屬於內心無限的追索與看見……。以上的這些演進中頗相關連的畫都可說是畫家爲了滿足自己內心創作的慾望，在不斷追蹤一切「美」的存在，到了必要時，所調整的理想角度與所採取的表現方法。拿這許多畫派的藝術表現功能，來面對李教授所堅持的創作觀念以及精神與內心活動的特殊狀態，我們便可更清楚地看出，在上面指李教授的畫，較偏向超現實畫派，是有理由的，因爲在李教授的心眼中，任何外在單一或數量性的「形」，都有其可想像得到的極限性，無法成爲李教授傳達「心視世界」的最理想的「出口」；最理想的「出口」，是讓「心視世界」，直接以心象的無形之「形」來充當，更能彼此配合，充份發揮；更能達到心態與藝術活動高度自由性與純粹性的效果。

也許有人認爲李教授的畫，其形態在目前已舊，甚至已成爲過去，如果在二十年前拿出來展覽（李教授展出的作品，有不少是二十年前畫的），是令人驚目的，持這種看法，雖也有其所看到的部份事實，但仍有一些存在於根本問題中的事實，值得我們去面對。

的確，站在現代人生存的視境上，那不同於這一秒鐘出現的一切，確使人們渴望的期待著，如汽車的式樣、房屋的式樣、室內裝飾的式樣、日常生活用品的式樣……都不斷在人們的眼中求新求變。於是一種「更新性」便急速地使「已存者」成爲過去，產生舊態，甚至被冷落，這種追求「視覺美」的潛在意念，也逼使現代畫家常常衝入前衛的創作現場去動腦筋與變花樣，以便發現與策動一切以新的形態架構與新的美感秩序，在畫面上出現，而不斷調度刷新與使之適應現代人的「視感」與「視向」，甚至也因此產生新的畫派，所以當目前的新寫實在流行，一般人便覺得抽象畫與超現實畫又成過去了。也許從流行性的觀點來看，它確是有逐漸過去的情形，但我們如果有深見，仍應從它的過去中，看出它不過去的地方來，看出畫家所做的那些非止於畫派形貌的表現，其中尙藏有畫家一已獨特性與恆在的東西。這樣我們方能從李教授一再強調他的畫是「非畫派的」——這一含超然性的觀點中，了解到他接近超現實畫派的畫中，所把握的那些不斷引發藝術產生直覺與緣發效果的「超現實性能」是不會過去的；了解他展出的近百件作品中，那些訴諸於心象的無數的「形」，呈現出靈視中一系列的內心景象，是不會過去的；那些流露著生命的靈敏的線條——以直線形、曲線形、抛物線形、迴旋形，顯示出內心無數的「路」與無數的「動向」，是不會過去的；那些自由自如地灑落的綺麗的「色點」，是花嗎？眼睛便是花園，是星嗎？眼睛便是星空，那都是不會過去的；還有那些平行的交錯的華美的色層，把眼睛構成華美的金屬層面，那些與裝飾性無關的原本的色感，都是由心的本身、思想的本身、精神的本身、一切的本身，直接反應出來的，所以也都不會過去，也許畫風一陣陣地吹過畫布，畫風是吹過去了，但有些畫家，什麼也不留在畫布上，有些畫家，則在畫布上，仍留有一些消滅不了的屬於藝術生命恆在的東西，驚動著靈視，使人產生某些讚美，我想李教授的畫，在二十多年來中國現代繪畫的發展過程中，應是屬於後者，甚至在畫展酒會上，有人認爲他的畫與藝術觀是具有國際水準的。

民族晚報一九七九年十二月一日

註：這文是爲李教授二十多年來的第一次畫展而寫。

大自然的建築師—莊喆

——談莊喆的繪畫世界

在中國現代繪畫發展史上，莊喆一直是被畫壇注目與敬重的一位畫家。他對藝術的懇誠、執著與專一的精神，眞是數十年如一日。廿年前，他是五月畫會的發起人，後來更成爲中國現代抽象畫的先驅人物，曾獲亞洲現代繪畫金牌首獎；不少次參加著名的國際展，以及一連串的在國內外舉行個展，作品也廣爲國內外收藏家收藏，頗獲國內外藝術界人士的讚譽，也爲中國現代畫在國外爭取到不少光榮，目前在美國史丹福大學教中國藝術史的一位美籍教授米高·沙利文博士（Dr. MICHO SULLIVAZ），在一本評介中國歷代藝術的巨著中，寫到清末以後的中國重要畫家時，就曾提到齊白石、張大千、趙無極與莊喆等人，可見他已是一位被公認的有成就的中國現代畫家。

我一直認爲，一個具有遠大眼光與作爲的現代中國畫家，他的創作生命，是應該放在這一個基點上——那就是他首先必須是中國畫家；進而必須是中國的現代畫家；進而必須是具有世界性的中國現代畫家；最後更必須是不斷超越自己而成爲獨具一己風格的畫家。唯有如此，他方能不受古、今、中、外等時空因素相排斥之困擾、各種畫派的限制之累，而擁有創作無限地自由與遼濶的心境。莊喆廿多年來，經過傳統與現代的衝突，新與舊審美觀的衝突，東方寧靜自然與西方機械文明的衝突，自我性與社會性的衝突……之後，便是以他不斷演變與發展中的創作生命，來實踐與證明這一觀點，並因此確定了自己創作的基本動向與獨創性的風格。

我們說莊喆是中國畫家，那不僅因爲他是中國人，而是因爲他的視覺生活背景，較偏於中國的，尤其是中國的自然山水，這種樂山樂水怡然自得的心性，無形中便也使他的畫風偏向中國文人畫的創作途徑，對自然山水予以無限的抒懷與寫意，但這絕不同於西方自然派與印象派畫家借重準確的素描與光學原理，所表現的自然景象。他是使用能充份表現東方自然山水蘊涵的繪畫材料與技巧——如紙質、墨性、墨韻、筆意以及技法中的揮墨、撥墨、濃墨、淡墨、紙摺、紙印、點描等，而創造出那不斷溢流著中國文化氣息與較接近東方人自然心性的畫面。

其次我們說莊喆是中國的現代畫家，那是因爲他是用現代人而非古人的眼睛來看自然，所以他既不是重複模仿自然外在形態的畫家，更非是將古代山水畫做「影印複寫」的水墨畫家；他是將大自然推入現代人內在的視境，予以切實的觀照與體認，轉化爲內心中更爲壯濶與深遠的自然，並重新賦給其存在的新的內涵及其新的樣相與秩序。開拓了中國水墨創作的新的境界。

接著我們說莊喆是具有世界性且不斷超越自己，而以獨特風貌凸現於國內外畫壇的一位中國現代畫家，這才是本文最重要的看法。

首先我們來看莊喆的畫是如何的具有世界性，我們深知這是視覺世界開發的時代，作爲一個具有才識與覺醒性而又能面對重大考驗的畫家，如莊喆，他是能掌握內在的一切動變的，他非常了解大多數現代畫家，著重於現代都市生存環境，給予感覺與情緒所產生的強烈感應與反應，因而也導致這些畫家的創作精神意識，喜歡採用抽象或超現實等表現，甚至偏向於絕對理知與物態的高度策劃與設想，無形中也使這些畫家的色彩與線條，都朝這一方向集中，形成與大自然疏離的趨勢。但這並不說明大自然的景象全被湮沒了或人類探向大自然的視覺活動中斷了，至少莊喆的作品，已提出了有力的說明：『湮沒的只是因重複地僵死在傳統畫家筆下的那些自然的外殼；不朽的是存在於內心中的自然的本體』。

雖然一九六七年，他在紐約的那段日子裡，曾接受現代都市文明與西方繪畫思潮的一次最強烈的沖激，一種燃燒且具爆炸性的色彩，與那被迫疏離了自然山水的心態，強佔了他的畫面。

可是當他經過『都市』與『自然』這一次正面且澈底的撞擊之後，他發覺『自然』內在不朽的屬性與潛力，是更爲堅強與無窮的，於是他也更傾心於『自然』，以他卓越的靈視與才能，在畫中，溝通了人類透過現代生存環境探視回大自然的新路，而創造了全人類能共見共感且溢流著內心中無限自然山水的視覺世界。

我覺得西方畫家，在畫面上所表現的視覺空間多是偏於二元性的，人與外在自然處於相對立的狀態，缺乏那透過靜觀所獲致的渾和感。莊喆在畫面上，所表現的視覺空間，是較偏於一元性的，是以人與自然界交溶在一起的，多少含有中國文人畫的詩意與文思。

其次我們來看莊喆的畫，是如何以他獨特的畫風，凸現於國際畫壇的：

㈠他在畫面上所表現的那種具懾服性的壯濶雄渾、磅礴與豪邁的氣勢，是非凡的，也許我們認爲自民國以來，享有盛名的張大千大師，他筆下所帶動的自然山水，才是氣勢萬千，有「筆未到氣已吞之勢」，可是這位被國人敬佩的大師，在晚年，面對現代藝術思潮的沖激與影響，想突破求變，但由於生命力與精力之不足，而變不出來，在相形之下我們便不難看出，張大師所表現自然山水的氣勢，仍是持續在於自然的可見的外形，而莊喆則是透過現代抽象繪畫的表現過程，把握到經由內心轉化過後的可感知的自然之形體，進入超形象的創作傾向，故他們所表現的氣勢，是發生在兩個不同的視覺層面上，各有千秋，只是站在藝術的創造性上看來，莊喆似多了一層創意，並刷新且建立了中國山水畫視覺活動的新的空間環境。

㈡在莊喆畫面上，所凸現的那許多只能感知的『形』，因是被他那能充份表現自然內涵力與時空不朽質性的色彩與線條所完成，所以看上去，便堅實與精純得如映顯在強烈火光中，熔不掉的金屬形象，以無比的硬度與應力，被迫觀衆的視覺，進入他的畫境，而擁抱內心中無限的自然景象。同時使他成爲『內心不朽自然』的至爲傑出的建築師。

㈢他對畫面上視覺空間的掌握，也是相當非凡的。除了對有『形』的部份（也就是『實』

的部份），力求厚度與質感的表現外，對於空白所露出的『虛』之部份，也是處理得令人驚目。本來畫面上的空白，一般看來，只是加強藝術上的某些對比效果，許多畫家，或由於心境或由於技巧的欠缺，甚至連這點效果也做不到，只把『空白』荒廢在畫布上，但『空白』對於莊喆，卻是更爲堅實與強大的生命體。遂使整個畫面穩固與壯觀，看不出有絲毫乏力與鬆懈的地方，這種堅固的高密度與大幅度的張力，非常緊湊且有效地交合著畫面上的『虛』與『實』，而形成爲統一且穩固的空間狀態，這實非一般缺乏心力、才具與沒有藝術高度修養的畫家，所能把握得到的。

㈣在中國現代抽象畫中，莊喆是一位非常機智且極具自覺性的畫家。他認爲自然界外在單一或多種數量性的形相，所包容的那些限額性的快感與美感，是不能充份使人感到滿足的，於是他把自然的內涵與整體性的特質，溶入內心，而渾和成生命的綜合性與緣發性的美感效果。一種來自精神上無形且無限的觸及與感知，是與完美且生生不息的時空連在一起，而產生出那具有深度與不朽屬性的畫境來了。這種不凡的表現，便是他選擇性地運用抽象技巧表現成功的地方。他雖使外界的自然山水，忘形於內心，但那是爲了內在的更實在的自然山水之出現，這也就是他將西方的抽象技法活用到東方性的創作意念中來，臻至『山是山、山非山、山仍是山』的內心自然境界。莊喆在抽象畫中絕非是將生命抽離成爲夢幻式的飄逸者；也不像趙無極以幽美的線條，所表現的那些無限地擴散的感性與情緒的律動美；而是採取適當的思考與知性，對大自然實底作滲透並接受立體畫派結構與層次感的啓示，在潛意識中將內心的自然山水景象，溶入那富於東方感思性（非西方理知與機械性）的具有耐度與密度的『形』與『色』的疊面，使抽象畫境，於無形中獲得發展的堅固的構架與基礎，及其內在建築性的穩定的態勢。於是一種凸出的、強硬的、可觸及與具有質感的超乎象外之『形』面，浮現在莊喆的抽象山水畫中，看來似乎是較卓越的線條，將大自然飄逸於捉摸不定的柔美之中，似乎要來得厚實與較具有定力感了。也許我們都一致認爲在中國現代抽象畫家中，線條揮灑出來的音感與律動美，其繁富、精深細緻、灑脫、自如、靈敏與變化的多向性，目前是沒有人能超過趙氏的。的確他的線條都幾乎是穿越美的核心出來的，像舞與音樂一樣的感人與迷人，然而趙氏的抽象表現，在這一創作的發展傾向上，難免會面臨極限。至於莊喆在另一個方向上，以策劃與建築「內心自然」的建築師之姿態出現，看來似乎是較有拓展性。因爲莊喆不但吸收了立體畫派的機能，對中國傳統山水畫的畫境與空間構圖，有了新的革變與設造，而且他也曾是寫現代詩的詩人，他了解超現實畫派畫家那緣自詩人與文學家內心潛意識的『心象』活動：正是目前大多數有深見的現代畫家所重視的：『藝術不再是去模仿已見的一切，而是去創造潛在的不可見的一切』。於是莊喆便以他不凡的文思與藝術的功力，把西方立體的幾何『形』，化爲直觀中的感性的『形』，使之更趨向自然性，更獲得自由的舒展與多向的變化，而使觀衆不但對他那具壓力感的壯麗與華美的色彩、以及那筆墨渾融、氣勢縱橫、剛柔相映，神態翊翊如生的畫面感到驚異，而且對他以種種奇特、卓越、有厚實感與懾服力的無形之『形』，把內心中千變萬化的自然景象，呈現於抽象的畫面上，壯觀了人類的視境與國內外的畫壇，更是感到欽佩。

發表在中國時報副刊一九八〇年八月二十五日

註：此文是我寫在莊喆畫冊中的序文

大自然的建築師—莊喆

㈠

每一滴墨　都是鳥聲與泉音
　　可驚動整座山
第一塊墨　均被空間坐成久遠的土地
每一根線條　均被時間踩成千蹤萬徑
每一個形象　均是映顯在強烈陽光中
　　不朽的金屬造型

㈡

山在雲裡走　越走越深
水與天同來　越來越遠
高處茫　低處幽
鳥飛不見翅
林茂不見林

石變不見形
河在不流中也流
雲在不飄裡也飄
眼睛要是再看下去
山與雲一體
水與天一色
大地只留下那片絢麗的蒼然
天空只留下那朵幽美的渾然
眼睛要是再看下去
　　見不到永恒
　　便不回來

創造「純粹性」「自然美」「音樂感」的抽象畫境

——論陳正雄的畫

當我們認爲繪畫在視覺藝術中，永遠有其重要的創作空間，則抽象畫在現代繪畫中，便不但具有顯著的重要性與主導性，像抽象與繪畫性抽象後的抽象以及最低限藝術、絕對主義與新造型主義等偏向幾何抽象等的表現，事實上成爲現代繪畫創作的重要傾向與趨勢；而且由於抽象繪畫突破以往繪畫受外在形象世界的限制，使畫家除了張開肉目，更張開內在的眼睛——包括潛意識的眼睛、想像的眼睛、夢幻的眼睛、記憶的眼睛、靈悟的眼睛……等所有的眼睛來看世界，來探視與創造出內在那不可見的更爲自由廣闊、更爲美妙且無限的抽象畫境，便的確較具象畫，有更大的表現空間；對畫家的創作，也更自由與隨心所欲，有更大的吸引力與滿足感。

陳正雄一直被抽象繪畫吸引了三十幾年，他雖不屬於「五月」與「東方」兩個畫會的成員，但他個人獨來獨往的傑出表現，在抽象繪畫方面，確已獲得很高的成就，這從臺灣兩位具學術地位與權威性的評論家王秀雄與王哲雄教授先後寫的評論文章，都同樣給予如此的評價與肯定（見兩位在陳正雄一九九二年與一九九三年由美術館出版的兩本回顧展畫冊分別寫的大文）。

依我看，陳正雄自早期探索中的抽象表現到近期較注重色面造形的抽象表現到目前進一步，力求更爲自由舒放更爲直接與純粹的抽象表現，是已達到純熟與得心應手之境，且找到自己獨特的繪畫語言；無論是色彩、線條、造型、空間與畫面，都明顯地建立他個人特殊的抽象繪畫風貌，這是做爲一個世界性的畫家必須首先具備的。

他既不同於偏向理性思維的幾何抽象表現；也不同於趙無極、與莊喆……等抽象畫家在畫面上明顯地流露出有中國文化意識與蘊含的內在自然山水形態；當然同康丁斯基將感覺與情緒，透過色彩造型與直射線所表現具有強烈音樂性的抽象表現，也不盡同，即使陳正雄的抽象畫，也特別富有音樂性；至於若有人認爲他較接近聖・法蘭西斯、杜庫寧，乃至線條運作的形態有部份近乎波洛克，但那也只是表面形態的指說，在本質上可不一樣，因爲他們三位的色彩、色面、線條與畫面造型，都明顯含有從他們潛在生命中，無形地放射出那來自西方機械文明的動力、動態與形勢，而陳正雄是緣自「自然」生命本身直接舒放出來的原力；並超越東西方文明與文化的有形框限，而將色彩、線條、空間與畫面造型都盡力朝「自然中的自然」、「純粹中的純粹」之極緻推展，以表現出一個逼近純繪畫與純自然美的雙重指標的高質感與高層次的繪畫境界。

因此他的畫應邀在法國巴黎的「五月沙龍展」中同山姆．法蘭西斯、阿雷辛斯基、塔比葉、德布雷等國際畫家一起展出，仍顯有他個人自己的實力與特色，引觀衆刮目相看。

在色彩方面，他畫的是畫中具造型美的純粹的色彩，他不但把握到色彩的純度、明度與自由的流暢性；而且從他涉及的原始藝術中，吸取自然的原本性、質樸感與潛力，更加強色彩的實度、力度、厚度、深度與耐視力，同時使豐富的色彩，產生無限地變化，湧現與渲染的動力，緊追著「純粹」與「自然」的美不放，最後便都追入那一幅幅都美得絕對「純粹」與「自然」的抽象畫裡去；而且美得不可思議，美得只能用美的本身來說。的確，他已是一位玩耍色彩的高明魔術師。

在線條方面，他畫的也是畫中具造型美的純粹的線條，除了把握線條活動的機能與靈敏度，同時顯出較色彩更具跳動感與音樂性；而且都像自然那樣任意與無限自由的舒放出去，除了「純粹」與「自然」的美，其他的東西，都追不上來，都走不在一起。

誠然，他的色彩與線條，已超越解釋，像音樂一樣快速，產生直接的美感；並且在抽象的視境裡，已化爲大自然生機勃勃的雲鳥、花樹、綠水與青山……，任誰的眼睛，都能直覺到大自然生命潛在的美的景色與律動，而被吸引住。

當他具造型美、音樂性、詩意與充滿感性的色彩與線條，在交錯、轉接、複疊與揮灑的運作中，形成無限變化但有層次感與秩序美的結構形態，便也在畫面上，凸現出那鳴響著「身歷聲」與柔性抒情的立體視境，美得像一座座華麗的高級建築，開放給眼睛使用，都蓋有陳正雄營造的特別商標。

綜觀他的畫，可看出他對抽象畫具有清晰的理念，能抓住抽象表現的精髓；線條與色彩的操作，靈活熟練，有深厚的功力；當然更可貴與値得重視的，是他確實創造了特別「純粹」「自然」而且自由、隨心所欲與放得開的抽象繪畫世界。這個世界，在「都市環境」與「現實世界」嘈雜紛陳與不夠純粹的視覺空間之外，奇蹟般在人類的「眼球」上，建造一個個自由舒暢，景色幽美、充滿音樂的高品質的遊樂區與渡假村，只要人的眼睛進來，什麼叫「純粹」與「自然」的美，一看便知道；再看，歡樂與快活，便將你與世界一起帶走，同行的是音樂、詩情與畫意。像如此傑出非凡的表現與卓越的造就，顯然是具有世界性的。因而陳正雄之獲得國際畫壇的聲譽，便也有其正當的理由了。

最後以我過去寫給他的兩首短詩，做爲結束。

1. 輕快與明麗

春天一直用他的線條
牽著鳥
牽著流泉
牽著波光漣漪
牽著藍天碧野

他的色彩一直被春天
　　用來染山
　　　染水
　　　染樹
　　　染花
　　　染生命
　　　染歲月
春天用明麗換他的色彩
他用線條換春天的輕快

2.彩色的交響樂

藍色　藍來天空海洋
綠色　綠來樹林原野
紅色　紅來千紅
紫色　紫來萬紫
黃色　黃來金碧輝煌

黑色　黑來天昏地暗
白色　白來日光月光

亮起星塵雨露的　是點
牽動山河雲鳥的　是線
現出氣象萬千的　是面
點線面架構起彩色的世界
眾色便在幽美與華麗中
　奏著彩色的交響樂

註：本文是爲畫家陳正雄一九九四年六、七月間在北京、上海兩地美術館展覽畫冊寫的序文。

「三人行」聯展

『那是將藝術生命在孤寂感中不斷燃燒的三線道；
也是一個美的精神三角形世界』

我一直認爲「孤寂感」是藝術家創作世界一股最佳與永久的推動力，它能凝聚藝術家全部的生命力，使靈視專一地進入具深度、準度與實力的觀視位置與焦點，而將一切從存在的深層挖掘出來，使創作生命散發出個人最高「沸點」的熱能。因此「孤寂感」在藝術創作中，更被視爲擠壓與迫現一切存在於本質與強勢中的力量。

此次「三人行」展出的畫家劉其偉、李德與朱沉冬，他們經過數十年仍如此執著地堅守藝術的信念與情懷，往往在神態中，都經常自然的流露著那可見的「孤寂感」；眞是連「時間」與「空間」同他們面對時，都會感覺得到了。

劉其偉的「孤寂感」，融和著一些老頑童式的童趣與暖暖的詼諧感；李德的「孤寂感」，再往下沈，便要「獨釣寒江雪」了；而朱沉冬的「孤寂感」，便常如風起雲湧雨來過後的靜野，忽然四周都失去聲音。

於是他們的「三人行」展，便幾乎形成一個精神的美的三角形世界，甚至也成爲他們將創作生命在「孤寂感」中燃燒的三線道，放射著不同的光。

從劉其偉的作品中，我們可看到甚至可呼吸到他個人創作的獨特性。他的畫徹底解放了「知性」與「感性」的分野，在超越的視野上，直達一切存在的原位，抓住一切存在的本性、稚性、原始感及其栩栩如生的生趣，且順乎內心自然流露的「眞純」，形成「美」的直感力。他雖也吸取活的史性、地域性與現代畫派活的影響力，但均都使之納入一己的心象世界，經徹底的溶化後，便依自己生命的原向，去創造具有自我獨特性的繪畫世界，譬如他提昇抽象與超現實的某些感覺與質素，到他較偏向於「具象」的造型世界中來，使「實象」畫面流動著那特別豐富動人的「感性」的誘動力與意趣，便不但具較高品質的思索性與生機勃勃引人入勝；而且幾乎都顯有他個人的特色並刻上劉其偉的商標。

因此他的畫就是「他自己」的畫，雖含有克利與米羅均含有的抽象與超現實相當近似的意味；有時也運用立體派的繪畫觀念與技巧；甚至整體看來，都幾乎較偏向於「具象」的表現，富「寫實」性；但都不宜用「固定」與「單向性」的繪畫形態來硬套。當然他的畫，也不宜以機械性的「東」「西」方二分法來區分，因爲藝術世界，不是以「鳥籠」來抓鳥，而是以「天空」來容納鳥，於是他的畫，如果也談「世界性」，那是他的創作生命，基於全然遵從藝術自由展現的力量，自然使畫面達到那爲全人類所共見的「美」的視覺世界。即使他畫中仍然蘊含著較偏向於東方人文與自然觀的視境，也會普遍的被世界接受。

談過上面的那些觀感後，讓我們進一步來面對劉其偉所展現的水彩世界：

⑴他不但能把握「水」與「彩」有機的交溶點及其緩急有序的流動節奏；而且水彩更眞切地流露出生命「感性」與「知性」的鮮活與動人的語言。

⑵至於色彩的純度、厚度、明度及其親和性與感染力的製作，不但可看出他操縱媒體與藝術表現技巧的不凡功力；也可看出他所導演的色形、色態與色境之變化，是與他內在眞摯的「美」的感應相溶合與脈動在一起的，致使他的每幅水彩畫，均溢滿生命的氣息與活性；而非那流行性商業化的美麗好看的「標本」風景。

⑶他在人類永不能全然放棄的具象世界中，以些微潛意識的幻視力與抽象的虛變性，所製作與塑造的「形」，是相當優越、繁富、新穎且耐視耐看，甚至耐思耐想的。

⑷他的線條不但令人自然地想到齊白石、克利、米羅等人筆下的生動、靈活、任意、純摯與順著「美」的軌道自然滑動；而且跟著生命走，或帶著生命奔跑與飛躍。

誠然，劉其偉在國內，不但被認爲是一位有成就的前輩畫家；而且是國內具有一己風範及藝術家形象、品性與令人敬重的畫家。

其次談到「三人行」中的畫家李德，他是國內畫素描極具聲名的前輩畫家。他也畫油畫與從事抽象表現的創作。畫草書馬聞名的畫家陳勤曾稱讚李德在國內是大師級的畫家。可見李德在素描上非凡的表現與成就。

從他此次展出的作品中，我們不難發現與體認他素描世界深厚的基礎：

(1)在素描的創作中，他不但深切了解點、線、面的獨立性與本質，而且能統合與掌握它們在互動中整體存在的有機結構系統，使三者在畫中的運作，永遠成爲一強固的呼應體。

(2)他一直深入點、線、面存在與活動的基本層面，特別專精地探索「點」動連成「線」、「線」動構成「面」發展過程中確實的形態、肌理與實力，於是在未完成畫面的造型前，那構成畫面原本的點、線、面，已先具有一已存在的堅實的基型（造型）。就因爲如此，他畫素描所使用的點、線、面，本身就事先潛伏有嚴密的結構力，深入的刻度、質感與根感，當這些「卓越性」被溶合且提昇到素描的畫面與造型世界中來，當然就呈現出高強非凡的實力來了；便絕不像一般普通畫家，用「點」，點不到已止，畫「線」，像在「拉麵」，畫「面」像在「抹臉」，那樣的俗淺不可耐了。

(3)從素描較著重於線條的表現來看，則李德在線條運用的素養與功力上，確實是國內的佼佼者，幾十年來，他磨鍊線條，像磨劍鍊丹一樣，由於精神的專注以及將生命與創作意念的全部投入，他的「線條」，已幾乎可單獨成爲一個具有生命的創作世界，只見藝術的功力，不見匠氣；也不僅像一般人所說的，它堅如有「斬釘截鐵」之力。而事實上，他筆下所帶動的線條，均是從藝術世界流出來的一條條具有思想、觀念與精神實質美的生命之流，超出象外、直探本源，無限延伸，令人內省深思、凝神觀照。

(4)他在素描中採取的「簡約」表現，也是頗令人嘆爲觀止的。至於現代藝術中所謂的「極簡表現」之精神特質，都可說已被李德透過知性冷靜的觀視，使對象形態於「壓縮」、「

刪減」與「跨形」之後的重現工作中，予以活用。這種「簡約」表現，已不但呈示他在素描的創作過程中，具有「線條」表現的「特技」能力；更顯示出他對一切從表態到內在實質存在的探索與透視，確具有精深的考察力與高度的思考力。

整個看來，李德是將生命原力注入藝術又力求藝術純粹性的畫家。他的線條，常如樹根、大理石的紋路，抓牢存在的實底與深層，而確實爲素描堅強可靠的「基礎」，建立一個相當可觀的示範世界。

接著來談「三人行」中年齡較三老都小的畫家朱沉冬，他是全靠自我不斷探索與反省，不受「學院派」影響的畫家。他雖應美國國務院邀請，到過國外，看過不少美術館的現代名畫，也收藏不少世界上著名的畫冊，但他畢竟是個性極強的畫家兼詩人，一直持有以一己內在「本我」接受與溶解外來一切，所強調的「主動力」。於是他的畫，雖也難免受外來的影響，但卻顯有個人特別強的「我性」與「詩性」。

他曾說：「我的畫是由『詩』素中迸裂出一種內在不定點的構成，不是專爲技巧的功夫去鑄造成形的作品，而是從詩中感知一種擴大靈視所投擲的語言」。這些話，正是表明他的畫，不是依隨外在方法（包括已出現的繪畫流派），而是使詩的靈視所看到的無限世界，以較具適應性的方法自由的呈現出來。這種內在具自由超越能力的「詩性」，一方面使他畫面上的「見」，因均溶入詩的「心象」之「見」，則耐視度與視感，便自然加強與具特異性了；另一方面也使他在抽象表現的大範圍中，自由吸取各種藝術派別的質素，而不就範於某一固定性的主義，便可自由回到全主動的「我」的位置，去充份創造出他具個人特殊風貌的抽象繪畫世界。

⑴由於他潛在的視覺世界，一直根基在他內心無限地流動的「詩性」中，他畫中的「抽象表現」，便同非詩人畫家在無意中涉及「詩性」的創作情況不太一樣；與中國傳統文人畫家在「自然山水形似世界」中所表現的「畫中有詩」的意識，也不盡同，因而他的創作世界，便不能不凸現出它的獨特性。

⑵從他個人發展的軌跡來看，基本上，他與趙無極、莊喆等名畫家，都可說是在畫中透過現代藝術的抽象表現，開拓與建立現代人視覺世界新的自然觀，很明顯的，他不是在中國傳統山水畫中，進行「重覆」、「改建」、「加建」或照原圖「重建」的工作；而是將具有東方與中國文化容涵的田園自然山水，溶入他做爲現代人接受「西方都市文明」與「現代藝術思潮」沖激過後的心境中，緣用他超越的「詩感」以及知性的思考架構能力，將從內心中轉化過後的「超以象外」的新自然山水景觀，重新建立在無限地延展的抽象畫面上，使自然山水自內在出發，呈現新意。

⑶由於他也從事現代詩的創作，內心確實擁有多向變化且豐富的意象世界。因此在畫面上，他的造型與多層次的空間感，便顯得特別的有變化、繁富、突出且具有實力。加上他是一個堅持「生命」與「藝術形式」永不可能分開存在的畫家，他內心經過苦難年代的掙扎、憂慮、不安與苦痛等等，便往往在畫中，自然流露出一些莫名的沈鬱與愁思，而使作品更對

生命發言與傳達存在的聲音，是別具一些感人的力量與特色的。

(4)或許他在媒體的運作上，不太顧慮到它們的潤飾性與流暢性；但相對的，他的線條與色彩隨著他自我的率眞感與偏執狂，以強勢與不可抑制的溢出力，投射在畫面上，所呈現的「拙」性「澀」感與「粗」味，有時反而使我們呼吸到那緣自一切生命內在湧現出來的眞摯感與原始性，顯得可貴。

從以上看來，朱沉冬的確是實踐了他對繪畫藝術所作的告白：『創作是心象的表現，自覺的需要，內在的出擊；而不是自然的實踐、技巧的複寫、圖案的製作』；他也顯然是國內以「詩心」「詩性」無形地植根於純粹繪畫世界中最爲專注、充實且具創造力與特殊表現的畫家。當現代不少畫家仍在抽象畫的大範圍裡，迷於畫「內心之見」，他更將「內心之見」，進一步提昇爲詩的意象，訴諸於詩的靈視之見，而去畫詩的莫名的意象，使視覺往深一層進發，獲得更佳的能見度，因而也使他自然地被冠上詩人畫家的榮銜，獲得佳評。

最後我要說的是，他們「三人行」展出的作品與創作世界，雖有不同的表現；但他們處在「孤寂感」的精神狀態中，對生命與藝術所表現的執著、嚴肅、眞誠與流露出那近乎宗教的情懷，卻是相一致令人感動的。於是他們的「三人行」展出，便也成爲精神上一次深具意義的「三人行」，留下藝術家好的典範。

發表於展覽當天的臺灣新聞報副刊。

註：此文是「三人行」畫展畫冊的序，也是我在他們畫展展出時的演講稿。

丁雄泉的繪畫世界

——創造具威力的單純與原始感

看過近年來中國現代畫不少次展出之後，來看丁雄泉的畫，的確有不同的感覺，而這些不同的感覺，便也正是使丁雄泉享譽國際畫壇的主要理由。

記得我曾說過：一個藝術家心靈與精神所站的位置，將永遠決定他的創作生命；位置不準確，不但損害甚至將創作生命全然殺害。因爲藝術的最大功能，是在使一切獲得生命，並歸向「內在的自然」。一個畫家若將心靈與精神放在近乎「機械繪畫」與「山水複製品」性的創作位置上，則其色彩與線條都是死的，藝術生命怎會活呢？丁雄泉則不同，他那不爲物拘、灑脫自在的心性，在創作時總是使「自我」同「自然」合流，進入萬物待發的無限遼闊的「原境」，讓一切裸奔回意識前，獲得其存在於美感中的原性、純性與無限性，這正是顯示他做爲一個畫家的才思與魄力，在根本上已握住了創作上強大的優勢；加上他能全然馴服且提昇繪畫技巧與材料的屬性，達到直接且自然地表現生命的程度。所以他畫筆下的點、線、面均源由「自然」的本身，毫無矯飾之感。這種順乎自然不著匠意的表現，創造了他那具「

單純」與「原始」感的畫面。畫裏那種粗野中的率眞感；那些揮灑與濺射的線，都像是牢牢繫住「自然」的扭不斷的弦，發出原音，抒出原韻；於錯雜與撩亂中，一種奔湧的動力，進入單純與原始的秩序，使一切獲得自足與統一的存在構架。

的確，丁雄泉在繪畫時，他的畫筆已神奇得如噴射生命的「岩漿」，一種無比的潛力在其中醞釀、湧動、膨脹，達到抑制不住的飽和時刻，便在本能中以「火山爆發」與「雪崩」的形態衝出，獲得全然展放的快感。這種表現，使他的畫放射出一種最本來最原動的「給出力」。這種來去無窮，強大無比的「給出力」，除了取向「自然」，那裏去找呢？所以我覺得要想看懂丁雄泉的畫，必須走進原本的直覺的視境，讓眼睛回到河流的起點，回到噴泉與瀑布開始湧現之時，回到春天第一聲鳥鳴第一朵花開的那一刻；回到朝徹與全然的裎裸之境；至於技巧方面，倒不必太過於揣摹了。因爲他的技巧，在畫完成時，已全部退出，已不再有存在的痕跡，只留下畫的本身，整體地訴諸於直覺的美感。若仍要提及技巧，那他的技巧，也只是一種看不見技巧的技巧，一種至爲自然不著匠意的形成，正像弓箭與手同時進入一個「射」的動作，已看不出弓箭與手分開與合作時的技巧。由此可見丁雄泉的畫是緣生在「自然」與「純粹」的基點上，像天空裸於寬闊、原野裸於漠遠，江河裸於奔流、海裸於澎湃，聲音裸於迴響，雙目裸於看見。

丁雄泉創造他如此卓越的「純視世界」，觀衆若在觀賞時，從介入社會意識以及現實功能與文化文明等角度著眼，則丁雄泉的許多以「性」爲表現主題的畫，便難免遭受到某些抨擊了。同時也會造成批評上發生某些非常不統一與尷尬的局面。

要解決這一問題，根據一般人的常識與固定的觀念，是無法做到公平合理的。首先，我們要問的是一個畫家可不可以「性」爲主題作畫。「畫」性有沒有什麼不對？回答應該是可以的，對與不對，完全決定在畫家的表現上。理由是：「性」既也是人類生命存在的一部份聖潔且重要的內容，它經過藝術家內在美感的轉化作用，予以表現，成爲藝術品，訴諸於美的靈視，便不再是俗目所看到的那種低卑的「性」的現象了，正像置放在紐約博物館裏的裸體雕像，不同於裸體照片一樣。是故，他在創作中處理「性」這一容易遭受到一般人非難的題材時，是超越「俗視」，而使主題的內涵，透過生命原本之美所作緣發性的表現，便不該被看做低層次的視覺活動。在此，若再有人認爲丁雄泉的畫是屬於西方一些現代畫家無聊的玩意兒，那便更爲偏見了。我倒覺得丁雄泉無論在色彩與線條的修養與功夫上，均「運用自如、滿不在乎」，這絕不是一般現代畫家想做就做得到的；同時，由於在背後推動他色彩與線條活動的緣發力量，在根本上是來自東方的「自然力」，所以他的創作精神，往深一層看，在本質上，絕非是西方的，而仍是非常東方的，是與中國一向偏於自然觀的藝術思想之淵源，在根本上有所連結。因此，我們可以說丁雄泉接受西方影響而化之，並溶合成爲他一己獨特超俗的畫風，加上他豪邁洒脫的性情配合他那「隨手拈來」「呼風喚雨」的技法，便更在畫裏顯示出他的卓越性，也自然因此享譽國內外畫壇。的確站在純繪畫的觀點上，站在一個畫家可自由通過任何對象與題材而爲「美」工作的觀點上，來面對丁雄泉在藝術上所表現的才能功力及其創作上的成就，我們都會承認他確是一位氣魄非凡的畫家。

註：本文曾發表在廿年前的「中華文藝」，現經過刪正，收入本集。

在沉寂中塑造自我的畫家

——陳庭詩

讓孤寂與沉靜長期地注視自己而又使孤寂與沉靜的世界發出強大迴聲的畫家陳庭詩，在中國現代畫壇上，他畫風的獨特性是無人可與之類比的，這形成他創作世界可貴的一面。我深信這位被我們一致尊敬的畫家陳庭詩，他的努力與完成，是會被中國的現代畫史記下去的。

由於陳庭詩擁有他心靈的純境，以及他長期地面對孤寂與寧靜，而且又是一位熱愛詩的畫家，這都多少有利於他，去向內發現與開拓出一個深入且純粹的視境，去確實地同一切往來，確實地探視入一切之「底」，確實地抓住一切之純貌，確實地使一切存在與活動在較深入的動向上，在他畫面上所表現的單純的造型，無論從墨色的濃淡深淺以及形的變化來看，都具有很深的「根」感，而且給我們內在以一種實在強固的壓力感與負荷，使我們知道那件東西的份量，以及它是如何成熟與凝鍊的；尤其是他畫境中透顯的深沉性與凝定性以及那種沉向時空深處連續發出戰慄性迴響的「寧靜」，像「寧靜海」那樣望著旋轉的時空，如此地在我們的視境中引發出那種久遠且穩定的燃燒力，使我們幾乎獲得了探視永恒的眼力！的確透過他創作的較深入的視覺層面，我們看到的是一種絕對精神活動的深境與純境：一種有機地伸長且無限地超越的存在：一種屬於形貌與本質的不死性：一種分不出過去現在未來而現在過去未來均在其中的時空之整體表現：一種分不出人與自然而自然與人均在其中的生命之全面呈露：一種屬於存在的莫名的「駐留」與「流離」而引起精神上莫名的「鄉愁」，那也往往是一個大藝術家與文學家精神的歸向。貝多芬、里爾克、卡繆、米開蘭基羅以及所有向內探索事物生命根源與純感之超現實派畫家，他們的心靈都或多或少地蒙上這一層存在的莫名的「鄉愁」的。陳庭詩，便也是將他存在的時空感透過他的畫境而向無限的過去與未來超越得好遠啊！這一段距離，相當的迷人，且能引起人類心靈產生一些深沉的思念。從這一點上看，他的繪畫精神是含有某些特殊的思想品質的。因而他的作品都大多進入人類的靈智世界去作深一層的建立與完成。由於他擁有精神的實「底」，能確實把握到創作世界的深入性與恒定力，使作品穩定地將觀賞者的視覺推上較高的感受層，所以他的表現絕不是那些專在事物表象世界塗色、染色、噴色以圖一時迷惑人的飾工型畫家所能爲的。

陳庭詩的成就，雖已獲得國內畫壇眞實性的佳評，但他的畫也一直被視爲是困在一己那已完成的世界中，定了型而不易超越。然而他這次的展出（使用水墨），可說是向自己也是向別人對他的觀感進行了一次挑戰。但他終於跳出來了，帶來畫壇上的一個喜訊，朋友們對於他這種冒險所表示的關心也轉變爲對他未來的祝望。

的確，從他一向偏於雕塑性的凝定世界，一下子走向那充滿了音樂性的流動世界，實在是不易的，要不是他精神的實境以及他的技巧與對水墨的辨識力，均具有基礎，是絕不會有這次出人意外的表現的，單看他的「神來之筆」這幅畫，便可看出他跨出的這一步，已是那麼的美妙，那麼的穩妥，其用墨的流暢，墨色的透澈與純熟，都是顯示他具有技巧的實底的。畫面上黑色的強烈對比，使空間感覺顯得厚重而穩實，尤其是那坦露可見的「單純」；那種自足自如不須配飾的完整性；那種幽美得除了它自身，只有音樂能說出的律動感，眞是使我們看到與聽到了萬物在美中活動的千種形象中之最純粹的形象、千種聲音中之最純粹的聲音、千種動向中之最純粹的動向；也使我們因而覺得它是一切生命與事物存在與活動的一種無限美好的說明。我們也許可透過詩思將它標爲「歲月之痕」、「光之尾巴」，甚至對照他以往的畫風說它是「自冰層湧出的河流」、「靜夜閃現的光流」、「春日的泉聲」等等，但這都只是一種屬於詩的象徵性的詮譯，而都均不能涵蓋它的全意，更難局限那在視覺中無限地展現的成長性。的確，他這次展出的水墨畫，除了少數因在使用其他彩色時達不到理想外，大部份都幾乎能步上那隨著感知的深入性而做無限納取的視覺層面，這是使所有關心陳庭詩這次轉變的朋友們感到慶慰的——他的「神來之筆」不但是一個美好的出發，而且這一筆將他的繪畫世界也畫得好遠啊！並使我們對他開拓未來的新境懷著信心。他的一再被我強調且重視的心靈純境，被他出奇的孤寂與沉靜且專一的精神注視成那面潔淨的「鏡」，這不但是做爲一個畫家觀察世界與創造世界的主要東西，而且也是任何藝術家與文學家必須具備的。就因爲這樣，我確信被陳庭詩心靈操作的那支已有相當技巧訓練的畫筆，能從那面「鏡」中，將確實美好的形象，不斷地帶入我們的眼睛，建設我們的視境。縱使他此刻改用水墨表現，以期使一己往昔沉凝的畫境流動成那感人的繽紛，是一種美的探索與實驗，但我們仍懷著預料中的佳評，等著迎接他未來的發展與完成。

一九八一年二月

在苦澀與孤寂感中提昇繪畫生命的畫家

——席德進

席德進六十歲生日那天，臺北市三家大畫廊，同時展出他的作品，大家心裡都感覺得到，那是爲他生命步入終站前，所舉行最大也是最後的一次個展，讓他在閉目前，能看到自己在苦澀的一生中所付出的努力，所開放出令使衆目一致讚美的花果。

那天下午，三家畫廊人潮洶湧，都在等著看這位病危中的畫家，到畫展酒會中來同大家見面。當時的情形，熱烈而感人，那是中國現代繪畫界空前所未有的盛況……。他像海明威「老人與海」裡的那個同海搏鬥得筋疲力盡的老人，從風浪中走回到衆人的面前，死亡的陰影雖仍一直留在他困累的臉容與神情中，任誰都預感得到那個憂傷時刻，是逐漸迫近了；可是他堅毅的目光中，仍堅信著一樣打不敗的東西，那就是從他畫筆下流動出來的色彩與線條，將永遠同大自然與生命的景象，在時空裡流動下去，成爲歲月的回音，成爲記憶。即使他肉體的生命力，在死亡越來越強大的威力下，終將降低到了零度，雙目也將冷暗如熄滅過後的焚屍爐；而此刻，照相機的閃光燈，電視攝影機的定光燈以及藝術界朋友與觀衆們無數關懷的目光，已事先把他沉向昏暮的眼睛，接往黎明……。

從新聞界一連串的報導，從歲月響亮的回聲中，席德進，毫無疑義的，在中國現代藝術的星空裡，已是一顆燦亮的星。那天下午記者問我，站在詩人的角度對他有什麼感想與看法。我便很快地回答：「我認爲席德進是一位靠近生命、靠近土地，尤其是靠近中國人生命與土地最近的一位畫家；他一生的心血；都幾乎全溶化到色彩裡去；他是屬於使人看上去就具有藝術強烈感覺的那類畫家；他不但爲畫家與藝術家而且也爲文學家樹立了創作生命的頗佳的形象——他嚴肅、眞誠、執著、專一、任放以及獨來獨往的精神是爲藝壇人士所樂道的……」

同時由於他的內心不斷對往昔苦難中的歲月與戰亂中的故土，所承受下來的沉重的負荷力，形成一種莫名的鄉思與鬱念，便自然地使他面對現代都市文明的浮華面時，陷進了一般人所無法體認的「孤寂感」，這也是中年以上的藝術家，於創作的心態上，或多或少會接觸到的，而這在席德進的繪畫生命中，是表現得更爲強烈了……。

他的畫筆好像一直是在追擊著生活與記憶中最眞切感人的景物；背著畫具他經常往鄉下與野外跑，不斷用眼睛去聽生命與土地發出的親切熟稔的聲音。那些水田、樹木與山巒所交織成的溫暖美麗的風景，飄動如童時臥著的舒適的「搖籃」，大自然一直像是母親，使他甜睡在無限的山水與彩色的夢境中，而忘記了自己的臉、自己的調色板以及晝夜思念中的故土，是隨著歲月越來越蒼鬱了。

縱使他也非常的現代，他也能容納現代所有美好的一切，他甚至看見電子琴與迪斯可引動著這一代年青人歡躍的生命爬昇，內心也非常的嚮往；可是每當他畫累了，獨自坐在冰店的一角裡休息，看著那些彩色冰棒，像彩色的河流，流過這一代孩子們快快活活的眼睛，而他的雙目，總是被那不停地流著血的故土、家鄉土紅色的屋牆與一直流入彩色裡去的心血，引到另一個視向上去，深深地凝視著自己的「童時」與往昔的一切，被壓在眼前高樓大廈的陰影下……，他忽然像是孤絕的異鄉人，一種緣自於生命與時空的莫名的鄉愁，溢流在他靈魂的深處，也無形中使他大部份偏向於山水的水彩畫，在畫面上（尤其是迷矇的雲山），總是蒙上一層不但可看見而且可聽見的「悒鬱感」與「苦澀感」——它看來，像是這一代苦難的中國人，投在記憶中任憑再豪華的物質文明，也無法磨滅的深沉的投影。因而也使我們從內心中覺得，席德進的水彩畫，不但是在技巧與功力上，被中國繪畫界評定爲具有傑出不凡的表現與成就，而且他更被認定是一位流露著土地愛、同胞愛以及深切人性與史心的畫家——他投資給繪畫的，是藝術與生命雙方面的，因此也獲得人們更多的感動與尊重，尤其是他後期，水彩與水墨在共通的「水」性上，所製作的高品質、高滑度的流暢感與潤化性的世界，是美妙迷人，且給畫壇留下可見的影響力的，多少人在模仿他！

一九七八年

洪根深的繪畫世界

他的畫境就是大自然住的地方，人類被都市文明追擊得那麼困累的眼睛，逃到它這裡來，獲得安定與平靜之後；接著便是自由自在的去渡假與忘我般的優遊了。

當我懷著從未看過他的畫的心情，走進他的畫室看完他翻開來的一幅一幅的畫，我便很快地下那句具涵蓋性的總評語：

「他是一個極少見的以全生命眞摯的熱愛，對大自然膜拜的畫家」。

他格外執著與具耐度和沈默的個性，以及那不受世俗與都市文明感染的超越的心境，使他擁有那份特別感人的純樸與明淨，而保持著同大自然相視的明度與彼此往來的深情。就像他的名字「根深」那樣，他的畫筆深深地根入大自然裡去，也把我們的眼睛深深地往大自然裡帶，一直帶到對大自然發生驚讚性的感動之中。

於「大自然」與「都市文明」的雙重視覺面上，他既抗拒後者，便自然加強對前者的偏愛。這種偏愛的深情，在他的靈視中，已形成一種具信仰性的神往，使他絕不容都市文明輕易的將大自然毀容，乃至有任何衝破性的侵犯。至少在目前，他的畫筆是一直使大自然堅持留在單純和諧與完美的形態之中，因而也使他的畫獨具一格。

他不像東西方許許多多的現代畫家，陷在都市文明動亂與繁複的視覺活動中，有如透過重疊的底片去注視大自然與外在的一切，使之變形，或者接受內在精神情緒與潛意識之作用，更使之經過重造後，以全新的形態呈現；當然他也不像那些抱殘守缺的山水畫家，抄襲古人的色彩線條與技法，將大自然只是經過觀念中的半抽象處理過程，所製作的虛貌，那像是從時間的冷凍冰庫中拿出來的僵化的自然，而非活現在眞實風景中生氣勃勃的自然，像這種未經過「眞實感」所從事的繪畫行爲，顯然是畫匠的事，洪根深可就大大的不同了，他是將生命全部溶進水墨裡去的畫家，未動筆前，他的內心早已同大自然共源與交流在一起了，他的雙目已成爲大自然的看見，並揭穿一般山水畫家在畫面上所製作的絕感症的假相，而進去將大自然眞實的生命內涵擁抱。

當山水枯萎甚至死在那近乎機械作業的「複製品」中，根深的確是在畫面上將山水救活了。他將大自然可見可觸可感的眞實形體，映現在他幽美的情思與無限的靜觀中，並滲進適度的夢與想像的迷離狀態與氣氛，使眼見與心見一致進入那虛實相映的無限境界，而形成一寫氣圖貌，隨物宛轉，屬采附聲，與心徘徊的畫境，引人入勝，這種表現，既不是採用全抽象技法，去創造那逸向內在無限自然的空靈之境；也不是在畫面上，將自然景物，以象徵手法、製作成詩的意象；更非以流暢的技巧，去達成「美飾性」的效果；他是使自己的心性與感情同大自然的神態，眞實地結合；使自我專一地面對孤寂與透明的時刻，而獲得那純然與深入的內視力，而探入自然深處，有所眞見，致使創作根入那確實感人的誠懇之中。的確，他的每一幅山水畫，都是將眞摯的自我，投入大自然之中，引起內心在美感中活動的種種過程與實況。他筆下的色彩都是從心血裡流出來的，它不是「胭脂口紅」。他線條勾出的形象，也都是從生命裡呈現出來的，它不是「整容師」所作做的。因此，他的色彩與線條已是構成生命的元素，且能守住一切存在的聖潔性與貞操，不被俗氣與虛飾所污損；能透過大自然景物內在的肌理與生命的纖維予以表現，確保一切在活動中的生機。如畢卡索所說的：「我的畫筆，永不能與我對生命眞實的感受分離」。

由於根深能使他筆下柔靜與美妙的色彩與線條，同他對大自然的深情分不開，同中國水墨與書法的精神分不開，他便切實且有效地把握到畫山水畫的兩項卓越與基本的力量了，這兩項力量，加上他的藝術才能與素養，便使他的色彩與線條在畫面上揮動，不但肯定、確實與感人；而且那些幽美的音韻與律動，引發起大自然生命華麗的交響，更形成爲大自然迷人的語言。同時值得去提的，是他每幅畫的畫境。由於他能切實地掌握整個視覺空間裡的遠近、高低、深淺、濃淡、黑白、動靜等對比感覺與平衡狀態及其有條理的秩序，便能順利地使整幅畫呈現出協和均衡與完妥的結構來，而使畫境趨於渾圓與接近完美之態。此外，他強調更多的色彩，流入黑色的墨境，使山水畫的畫面繽紛與亮麗，使大自然的形色，更爲逼眞，這是值得重視的。

的確當他的色彩線條以及他的畫面與他熱愛中的自然山水，一同在我們的眼睛中昇起，我們便也同時看見一種至爲神往的美感力量，自內心中昇起；並預感到他是在逐漸邁向一個具有遠大展望的創作動向，而因此對他懷著無限的祝福——當他對大自然的眞實感知益爲加深，而筆下的功夫，也自如灑脫到沒有絲毫阻力的地步，畫面也越看越有出神入化之感，到那時候，我們能不說洪根深也是中國現代山水畫的一位名家嗎？能不說他在畫面上也創造了一個特異的奇蹟嗎？他固執的站在現代抽象畫的洪流裡，死死抓住可見的大自然不放，當抽象畫的洪流，在回流中漸露出再度具象的可能時，他仍死死抓住那可見的大自然不放，這種根入內心眞摯存在中的執著感，終於使我們在他的畫面上，特別地看到他是在中國現代畫壇上，極少見的一個以全生命熱愛，對大自然膜拜的畫家。

一九七六年

看陳勤的抽象畫有感

陳勤首次展出他的抽象畫，也許有人會說，在目前抽象畫已過時了。的確，從西方畫家不斷追求最新最前衛的創作意念，所形成的現象來看，似乎是如此；但我們仍應冷靜的深思與注意到，自塞尙喊出「自然的終點，是藝術的起點」，同後來大多數現代藝術家強調表現潛在不可見的世界，這便無形中使人類的視覺活動，已擁有了具象、抽象與超現實等三個世界。我深信這三個永不可能被割棄的視覺活動世界，將永遠有畫家去畫具象、抽象與超現實的畫。問題只是在畫家如何去採取更新更好的方法來畫，使自己能進入具創新性（非陳舊重複與僵化）與不斷有所突破超越的創作動向。證之於目前的新寫實與超寫實，它仍不是發生在具象視覺活動世界中的創作行爲嗎？只不過他們畫的是「新」與「超」的（不同於自然派所畫的）具象畫吧了。這是因爲他們一方面所處的現代視覺環境；一方面由於科技的發達，照相機提供了對外在世界觀察的更精密性的效果、影響且調度了畫家的審美角度與態度及其技巧的變化；故形成目前具象畫創作的新風貌。同樣的，抽象畫也絕對有其變化發展與演進的一面，只是看畫家本人有沒有大畫家的才華以及創作上強烈的欲望與吞吐力，有辦法而且有能力去做突破性的擴展與求進。

因此我看陳勤的抽象畫，不可以「他非創始人，便是次要者」的態度來看他的畫，也不以抽象畫風目前趨於低潮的觀點來看他的畫，我只是從他畫的抽象畫中來看，究竟給予我那些特殊的感覺。

顯然的，他是在畫中追求一種屬於個人情緒、感覺（乃至含有幻覺性）的美的直覺世界；畫筆被潛在生命強大的動力所引動，形成一創作的自動狀態，更以感覺無比的靈敏性，去觸及那個活動於名無名、象無象的世界。

於這一創作傾向上，我們若看過陳勤上次畫展，以狂草書，畫一匹匹「棄體」而奔而飛的馬，便可看出他趨向「抽象」表現的意圖是狂烈無比的。他內在世界無限放任、豪邁、粗獷與激越的生命形態，幾乎爲他那富於象徵性的「狂草馬」流露無餘——一種掙脫形體而向內把握實質存在的強大慾望與衝力，使他幾乎把西方野獸派自我無限擴張的精神，全然併吞到他「狂草馬」的內涵世界中來，化爲東方自然的奔放粗獷率眞的內心趨勢與生命動流，而潛向他深邃的抽象畫境。這一方面由於他素描堅實的根基，對書法之筆力與筆意之體認，強烈的色感，以及他執著的生命力；一方面由於他能把握立體畫派結構嚴緊的聚合力與穩定感，而獲致內在的強固的骨架，因而也使我們在他的抽象畫面上，不但覺得他有力透畫布之感；而且特別發現他在抽象世界中，所抓住的不是一般畫家所抓的那一片「空幻」，而是那個較具象世界更具有實在感的世界——那是他將可見的「自然」與「我」，化解爲不可見的「見」中之無限的「自然」與「我」的實在世界——其中只有那對於生命之強大動力的感覺之本身，才是那眞正具有實感性與終極性的存在；才是陳勤他在抽象畫中，所確實追求與嚮往的。

一九七四年

設計理想生命的畫家曾培堯

顯然，曾培堯是在實踐著他繪畫觀念中的一項極不凡的創作「野心」，那就是在畫面上用盡法子，去製作那個自「人性、自然性與神性」中，所提昇出來的「人」的生命形象，這種創作實驗，確實是非常艱巨且費心的，因爲那不但要他透過人性自然性與神性等三種生命性所活動的世界，去巡禮那種種存在的一切情景，並且還要將之提昇與組合入理想的生命形態與結構之中，同時更需要曾培堯從西方藝術中所接受到的那些良好的技巧訓練，來達成它，譬如他採用西方的超現實表現手法，使多種混合性的內心景象與精神意識，在畫面上，產生統一與原本性的感受效果。以及那繞著視覺空間所展佈的那些奇幻性與神秘氣氛，是表現得相當出色與具一己風格的；又譬如他採用西方抽象的幾何圖形與線條，不但使他的思想與精神在畫面上活動，獲得具體的生命形象，而且使其所流露的奇幻玄奧與神秘性，也幾乎具體化了起來；同時以抽象半抽象與具象等形體所交疊成的空間層次，更襯托出生命在構成中之場景狀態與過程，是那麼的豐盈與令人產生無限的思索與奇想，的確使我們更會進一步覺得曾培堯像是用色彩線條與形象去塑造「內在生命」的一位奇特的雕塑家。

他到過西方的許多國家，博覽過各地的文化遺產，他的視覺經驗世界，便自然地埋進了各地的民俗文物以及古蹟教堂廟宇與博物館等許許多多反映著宗教色彩與精神形態不同的事物——這些含有時空意識以及歷史性永恆性與神性的「視覺材料」，被他內心溶解成為一種有機的精神質素，引入宇宙與大自然萬物生命的原生形態之中，於是那些奇蹟般呈現的新生命，便依照他理想所追求的形象，在畫面上誕生了——它看來一方面像是對生命存在，宣揚著一項莊嚴與偉大的設計工作，並顯示了那含有神秘感的永遠企求與嚮往的心境；另一方面更是企圖發揮藝術上崇高與自由無比的力量，去在畫面上，宣告出他一己的創作觀念——將世界用「心」捏碎，使那些在「古今中外」等時空狀態中永遠活著的一切有機的生命質素，同他的線條與色彩交溶在一起，化為新的生命，呈現出新的景觀與世界，無論眼睛從「古、今、中、外」那一個方向看它，都能看見它，都可看見它是那訴諸於時空與永恆存在的一種象徵。

一九七七年

畫內在自然風景與生命的畫家

——看閻振瀛教授畫作有感

目前文學界有所謂「問題小說」，閻振瀛教授的畫，或許可說是「問題畫」。他只經過短短不到一年的時間，便畫了那麼多的畫，並開個展，實在是令人感到驚喜又驚異。

其實他的畫與他的展出行爲，均是基於他灑脫無韁的內在生命所驅策，他要畫便隨心所欲去畫，要展出便展出，均是他內在本我行爲的自然眞摯流露。

他說繪畫，誰都可以畫，高興怎麼畫，就怎麼畫。這兩句話，看似尋常，但意義深長，這也就是說，你不必照別人的方法來畫，不必受任何畫風畫派的限制，也不必管「學院派」所苛求的任何一套規則；像他持這樣處處都是「畫路」的觀點，好處是藝術家可海闊天空的畫。

譬如類似洪通型的素人畫家，他的確不受文化與任何美學智識的影響，也可自由任意的畫出他那至爲眞摯純稚與原始的直覺世界，並有令觀衆喜愛之處，但事實上，正因爲他缺乏文化素養與知性的思考能力，便無法進入人類思想高層次的視境去創作。關於這難點，因閻教授是高級知識份子，便自然的克服了，所以當他在畫中也顯示出歸返生命純稚與原本性的動向，便都潛藏有「文化」與「文明」可見的滲透力。若說洪通型的畫境，是處在極原始與純稚的視覺基層上，閻教授便是意圖透過「文明」與「文化」的眼力，在其上架構起具有人文精神與新自然觀，且與生命原本性相通連的高層次的視覺世界。

由於他在創作過程中，較著重於內在生命存在「原本性」的探求，便也自然地傾向於眼鏡蛇畫派所強調的——將潛藏於生命深層的無數奧秘的「眞象」與「原貌」，從直覺的緣發狀態中，自由的呈示出來；因而也使他格外專注於內在眞實生命的「實象」、「實覺」與「原性」的表現，而讓形式與方法更加依從內在的運作，顯得更爲自然與不做作。

於是他並不刻意專以具象或抽象、超現實乃至立體、幾何符號與極簡表現等任何一種技法來畫，而是任由內在心象活動的自然需求，機動地運用它們有機的某些質素與機能，使觀賞與品味他的畫時，覺得勉強將他歸屬爲那一派，倒不如看他畫中所表現的許多具有原創力、新穎性及個人特殊「形趣」與「意趣」的造型世界，來得有意義與有價值。

或許在嚴格的要求下，他的畫，從色彩與線條運作的實力與精純度，以及畫面空間的設造與架構之完妥性來看，仍有待繼續加強與提昇。甚至畫的裝框，等於是整個「視覺空間」的生命邊線，也相當影響到畫面的存在效果，都應予以注意……等等。然而從整個展出來看，它確實提出了創作上一些值得注意的問題。

他證實藝術終究是創造「生命」的；而非只靠技巧加工所製作的美的塑膠模型標本。他畫筆在廣闊的內在視野上，表現存在與變化於內心中的衆多生命實象，均透過他整個生命深入的感力，而形成一個個緣自內在性與具有生命實知與實感的「畫體」。這便使缺乏生命內涵力、只對自然山水花鳥做平面描寫的風景畫家，顯得平庸與浮面化；也使那些打開冰箱只看見冰山、冰水、對大自然已缺乏眞情眞意、只依賴熟練流暢的技法、不經心的重覆著大自然山水假象的假文人畫家，特別顯出他們創作生命的虛幻蒼白與貧血。

我作如此觀，並非說閣教授的畫，已達到完善完美的境界，其實我在上面也指出，他在短短的一年中，尚不易完全掌握媒體達到精確精純與精美的地步。但我最後仍可肯定的說：閣教授絕非那些畫「圖」的畫家；而的確是一個誠懇地畫生命的畫家；畫他經過文明與文化過程、重歸自然原本性的「我」所看見的種種自然生命景象，是相當具有創意特色與傑出表現的。

III

III

純淨空間的建築師

——看林壽宇的畫

林壽宇被視爲具國際水準的中國現代名畫家，他有十三張畫，被美國五大收藏家之一收藏，而這位收藏家，在目前只收藏有國際名雕塑家布朗庫斯與創立新造型主義而稱著國際畫壇的名畫家蒙德里安及他等三人的作品，可見他也是被國際畫界所重視的一位中國畫家。

在他個展前，我與藝評家王秀雄教授，畫家管執中等三人應邀去看他的畫，一種相當強烈與眞實的感覺，好像在驅使我不能不去說些什麼，下面便是我要分開兩部份來說的話：

第一部份：必要的說明

談林壽宇的畫之前，我必須先作兩點說明：

⑴畫家既是人類「眼球」的探險家與開發者，他便應該以確實不凡的才華與智慧，從各方面去創造與拓展，以增進人類更卓越與豐富的視覺生活。因此，我們也應以開放與廣體的心靈，來收容凡是美好與有創意的一切。無論它是存在於人類「具象」、「抽象」或「超現

實」的視境中，只要它能確實提供出美好的一面。因爲當我們將已實存的三個視境，關閉掉其中任何的一個，都將使人類視覺活動的範圍縮小，造成我們眼睛重大的損失。

⑵從繪畫的流派來看，雖然目前是寫實派（包括西方的新寫實，超寫實，與我們畫壇一直被群衆接受的具象畫）當道；林壽宇被歸入極限藝術（MINIMAL ART）這一從抽象畫派中蛻變出來仍屬於抽象範圍的畫風，盛行於廿多年前，也顯然有被演進中的畫風，吹到與目前的畫壇有了某些距離的位置。但如果它是好的畫，它仍然能在那個位置上存在著。如果是壞的畫，則在那一個畫風裡，都不會存在。我認爲林壽宇的極限畫，現在看來，仍然很好，很耐看，而且能給有思想的眼睛帶來美感。這是因爲他的畫，已確實在時空之流中，觸及了一些屬於藝術生命的較深遠與不朽的質素。這些質素的強度，告訴我們的眼睛，並不比蒙德里安的『紅黃藍的構圖』與里特維爾的『建築圖』等畫，弱到那裡去，在林壽宇以白色的魔力，掌握著整個純潔的空間，所完成的那幅『純白的等待』中，是的確含有一種深入事物存在純境的之夠強與夠迷人的力量的。

也許目前有不少畫家覺得抽象與超現實畫，一直將人類的眼睛，長期飄泊在茫無邊際的廣濶世界中，的確是有點累了。像是長期飄航的船，想歸港。其實這也是人類精神與內心活動在移轉中的渴求與自然的傾向。但這並非說海上不再有航行的船，或者說以後不再有船出海，我的看法，是永遠有船入港，有船出海，因爲抽象、超現實與具象的三個視境，永遠有眼睛在活動，於進進出出之間，必不斷有新的觸及與不同的發現，去調度創作者新的創作角度與動向。這也就自然形成了印象派以前的具象畫，同目前的新寫實，超寫實，雖都是具象畫，但卻有許多不同的地方；同樣的，康丁斯基的「抽象」表現，同蒙德里安的「新造型主義」與林壽宇的「極限」表現，雖都屬於抽象畫的大範圍，但也大有不同。

在我未談及林壽宇的畫之前，先提出上列的兩點說明，其用意有二：

(1)為避免有人只從繪畫流派的先後性，對作品做單方面的價值判斷，覺得林壽宇的畫，在目前已不是最新的畫風，而忽視它仍然存在的卓越性。

(2)用以證實我所堅持的藝術觀點：

①藝術家是拿到上帝的通行證與信用卡，能自由進入「具象」、「抽象」與「超現實」等三個視境，而不受派別與時空的限制，去創造出種種不同的「美」的事物，只要它確實是美且傑出的，都將永遠被人類的智慧所承認，並永遠存在於人類所共見的世界中。

②藝術家與藝評家，應是用「天空」來容納鳥，而非用「鳥籠」來養鳥與抓鳥，讓各種鳥在不同的時空裡飛，去飛出各種幽美的樣子，而非只有一種樣子。

基於上述的兩點用意，我們便不能採取具象畫與中國自然山水畫的角度來看他的畫，來要求他畫面上交出那一個是蘋果、是梨，那一棵是樹，那一座是山，那一條是河。我們只能站在他畫「極限」畫的方向上，去看他的畫，究竟有那些獨特與不凡的表現。同樣的，我們也不能用他的畫的角度，來看具象畫與中國的山水畫。

第二部份：談林壽宇的畫

首先，我認爲林壽宇畫的，既屬於抽象表現範圍中的「極限」畫，則必具有其繪畫上的特殊意念與界域：⑴顯然它是抽象而非具形象的。⑵是更使抽象的活動，進入絕對、簡化與單純的形態，而這種形態，因是以超象的絕對與純粹的視覺符號呈現，便難免接受絕對主義與新造型主義等兩者的藝術觀點的影響。由於兩者均認爲幾何圖形中的圓形、方形、長方形與三角形，可表現任何事物存在的形態，以及能充分發揮造型的功能，這便也是極限藝術強調簡化、單純的畫面與造型，所需求與必須採用的手段。

接著來看林壽宇運用上述的創作意念與觀點，在他那像時空一樣無限遼濶的畫布上，是如何重建起人類視覺活動的空間：

⑴他把活動於視覺中，所有繁富、錯離紛紜的景象，全部化解消除，使一切以最單純、最絕對的基型，重現於原本與純淨的空間中，獲得純粹的美感秩序與形態。

⑵他在用色上，以最低限度（幾乎全用白色），與只用幾何圖形中的方形與長方形，就能表現出一個如此有內涵力、耐看與令人驚目的畫境，便顯然是他從事極限藝術創作成功與傑出之處。因爲他已確實做到極限藝術在表現過程中，所使用媒體的最低額之要求，而又能達到在單純中見豐富與厚實的好處，當然這種好，是有賴林壽宇在藝術表現上的才能功力，與其精神思想的潛在力，來達成的。

譬如他在那幅「純白的等待」中，雖只用一種色—白色，與一種形——細長的長方形。但經過他藝術的處理，竟能在我們的靈視中，掀起一個強大的白色壓力世界，令人迷惑或折服。那一條條無限地向兩端延伸的細長的長方形，橫過茫無際的純白空間，白色以深淺不同的色感，流入無數細長的長方形；細長的長方形，遂在隱隱約約中，成爲一層層衍生的水平面，把整個廣濶與遼遠的「白」，疊造成一座有層次感的壯觀的白色建築，當建築在被看成冷凝的音樂時，那一層層細長的長方形，便化爲眼睛聽得見的無數聲音的層面，順著白色的深淺強弱，而高低、起伏與浮沉，便無形中掌握了整個宇宙最純粹與最微妙的視聽世界，僅僅只靠這一單一的色，與這一單一的形，便能使畫面產生出如此具震撼性的效果，殊不愧被藝評論家王秀雄譽爲具國際藝術水準的畫家了。尤其是當他像色彩的魔術師般，將深淺不同的白色，一道道的塗在白色上，不但使白色呈現出幽美的層次感與疊景，而且使人看過去，那許多關在白色中出不來的白色，眞像是許多面玻璃，被關在逃不出去的透明裡。實在美妙得令人神往。如果此刻，我們看到他在另一幅仍以純白爲基調的畫面上，劃入一條很細長的綠線，黃線或紅線（仍帶有細長的長方形感覺），我們眞的會驚喜得像在那「純白的等候」中，看見整座綠色與金黃色的原野以及滿天空的彩霞，直向著我們的眼睛湧過來，而覺得那些線，奇妙得像一把把鑰匙，把隱藏在「純白」中的深厚而又絢爛的世界整個打開，同時那具有「極限」性的細長色線，幾乎已「無限」與全面地引動出大自然界與人類生命內在的繽紛與燦爛。

由此可見林壽宇的畫，不只是用眼睛來看，更需要用「思想」來看，這樣，才能不斷地看出他畫中所表現的一切。

最令人著迷的，是他製造的那些具思索性與具聯想性的正方形與細長的長方形。當數個懸空重疊排成有角度美與秩序美的正方形，大小不同的放在方形的畫框裡，形成一群好看而相關連的方形世界，無論將它看成一系列的方形存在；或者把它特別看成是無數精美透明且具有洞見力的「窗口」，永久的抓住所有的「張望」，都一樣的耐人思索；當他將許多延伸的細長的長方形，疊成一層層幽美的水平，在無形中，「守望」著萬物的浮沉生滅，他所企圖將萬物趕出複雜變動的形象，又把萬物趕回他重新創造的一個絕對單純的形裡，便也都做到了，而且做得相當的理想。只僅僅是採用方形與長方形兩種至為單純的形，就能把宇宙間許多複雜變化的形，都歸化進去；而且把人類在時空中永遠採取的兩種生存形態——對過去與未來的無限「張望」與「守望」，也由他畫中的方形與長方形，全說出來，眞是太奇妙的「形」了，這種奇妙無比的「形」，正是極限藝術超越形體，所追求的絕對純粹的形。而林壽宇能將這些超象之形，提昇到強勢與相當卓越的方向。便不能不與他學建築有關了。建築沉穩、凝定的水平感、層次感與方形感，日積月累的，不斷溶化在他潛在的視越的心境，使胞便無形中有助他去提煉與製作出那些不但純粹與絕對而且相當堅實與耐看的正方形與細長的長方形。加上他能從建築中吸取精密與細緻的設計機能，並將之提昇與轉化為充份的藝術性，排除原有的設計味，便自然使他畫面上的造型與空間的架構，更能顯出實力、強度以及協調與穩定的秩序美來了。

誠然，他在極限藝術中，已不但把握「形」與「色」，在逼向「極限」表現時的佳況與勢能，而且更透過這種佳況與勢能，創造出一個純粹理性與思維性的絕對世界，且近乎禪境。雖較偏向智性與理趣，而同東方的靈悟與意趣有別，但卻也充滿了無限的潔美與純淨的感覺。的確潔美與純淨得如他畫中的白色境界，一切均已蛻化，隱遁於無形之形中，進入存在的原本的基型，趨向完美。

此刻，我們尚可從畫面上看到一種迷人甚至接近永恒的『冷靜』，使萬物生命一方面從感性擴散的熱流中，冷靜入理性的凝定世界；一方面從各種不同的動中，都靜入全靜中的世界，若仍在動，便是看不見形象的動——鳥飛不見翅，河在不流中也流，雲在不飄裡也飄。眞是將萬物都歸化入相似性與統合性的原本的「形」中，呈示出一切存在的永恒狀態與完美性，是不使「肉目」但使「靈視」看了著迷的。

此外更令人不可思議與驚異的，是林壽宇在他「純白的等候」那幅本屬於絕對理性與冷靜思考的畫中，非常試探性地在那白色所衍生的一層層水平狀態中，滲進了一些朦朧與隱隱約約的神秘色彩，頗有點王維詩中的「山色有無中」之感，無形中扣住了東方的玄妙；整個畫面便從西方冷式凝定的「單純感」以及理趣與知性中，也自然流露出東方的意趣與感性，好處在此，問題也發生在此。因爲意趣與感性的溢出，便勢必或多或少使極限藝術所強調的絕對純粹冷靜與思考性的世界受到影響，而導致畫境產生「絕對」與「非絕對」的相剋性，也使我們比較難於界定出林壽宇的畫風是屬於純西方或純東方。當然我們最好是站在藝術多向性的觀點上以及採取包容性的態度來看，在東西方兩大文化猛烈地相衝擊的廿世紀，林壽宇顯然是站在東西兩個視覺半球所形成整個人類的眼球上，去巡視與創造出屬於他自我的獨特的視境與畫境，都或多或少的含有東方與西方的精神質素，而且在極限藝術的位置上，也的確已表現出他美好的一面。這站在畫家是多方面地開發人類視覺生活的大目標下，應是同樣被尊重的。即使我們強調純東方的繪畫精神，是較合乎情理的，但我們也不致於否定從其他方向與可能中，透過藝術與創作的智慧，所給人類的眼球與視覺生活，帶來更多方面的貢獻。

的確，在林壽宇這次的展出中，除了呈現出他個人在繪畫上的成就，更留下一些嚴肅深入與有意義的問題，有待我們去面對：

(1)作為一個藝術家是否應有遼濶開放的心境以及無限自由的想像力與創作的意念？關於此，林壽宇的畫，回答是肯定的。

(2)作為一個藝術家，處在整個人類思潮迴轉與大冲激的廿世紀，通過眞實存在的感受與體認，找到眞實自我存在的位置，以全生命的誠摯感與狂熱感，去創造自我具獨特性的創作世界，是否對與值得重視？林壽宇的畫，回答也是肯定的。

(3)作為一個具有創造性的藝術家，是否站在下面兩個有同也有不同的動向中，都可能有輝煌的成就？

①使創作力順從固有的傳統，向未來延伸。

②使生活在現代環境中的「眞我」，無限地開放，吸取傳統以及古今中外所有生生不息的美與卓越的一切，來壯大與擴展「自我」具獨特性的創作世界。

這兩個動向，林壽宇的畫，回答也均是肯定的，在上述的三種肯定中，我們應有的覺醒與自信是：除了不斷向未來突破與創造，否則所謂的藝術「創作」者的「創作」兩字，便失去意義，成爲多餘。同時更因此確認到越是能接受西方與未來挑戰的藝術家，便越是能接近東方，而有可能將東方繪畫卓越的傳統精神發揮到更壯濶甚至超越西方的境域，去帶動國際畫壇的發展與進步。當然這必須有賴具大才華、大思想，大胸襟的中國畫家，能確實有魄力去馴服與駕馭東西方兩個龐大的視境，進入自我創造的位置，方有希望。因爲任何偉大的藝術家必須先具有偉大的思想與智慧。凡是只要花招與在流派中打滾而失去自我創造性的畫家，都無法偉大。因爲藝術絕不只是在耍巧，要是只在耍巧，藝術家與耍把戲的、打球的有什麼不同呢？一個畫家的偉大性，是因爲他能透過一己深入而眞實的靈視，將呈現在畫面上的一切，均納入具有創造性與生命內涵力的「美」的型構之中，而引起永恆的感動。所以凡是重覆抄襲以及已形僵化與無精打采的水墨畫家，與追隨流行性、製作浮面美的營利畫家，都可說是沒有什麼思想的畫家，也不會有什麼可觀的前途。

基於這種看法，林壽宇這次展出的極限畫，不但使我們看出他是一位相當嚴肅與有思考性的畫家，而且是一位建立純靜視覺空間的建築師，必也會給我們目前趨於低潮的畫壇帶來一些冲激與震撼，而可望在更廣濶的創作境域中產生好的反應與回響。

極限世界的拓展與再現

前年秋天，在林壽宇偏向極限與絕對藝術表現的「白色空間」系列作品中，我看見深藏在他方法與符號背後，那具威脅性與永恒感的視境，便從心底直呼出來：那白色的空間，絕不是白色的天花板，而是爲宇宙造了一張最廣濶的床，讓萬物都脫掉形象，睡或醒的躺在那裡。林壽宇把他無數的白色，一層一層的往白色裡塗，像把一層層的玻璃，關進那走不出來的透明裏。

最近，我被邀到他的寓所，看見他在關閉式與孤寂的生活狀態中，進行自我突破所完成的新作，實在感到驚喜。禁不住要說：那些存在於宇宙間，轉化與昇華到極端而變爲「無」時，躺在林壽宇以往純白空間中的色彩都繽紛燦爛地再度醒了過來，以具體的，近似建築的形態，呈現新的美感空間，而成爲現象界所有景物的「色感」與「形感」最幽美與精純的提昇力與基本的導向。於是，他的畫，第一眼就告訴我，他企圖突破極限中的「無」，使眼睛從「無」到「有」的再建工作得以開展。

首先，一種無限地擴張延展的內視空間，迫使他把上次展出的「畫框」拆除，讓空間獲得其本來的不受限制的廣濶感；也許，任何人都可以那樣做，但畫框拿掉，空間不但不增大，反而造成景物流離失所。其實畫框不是林壽宇拿掉的，是他色與形不斷擴張的視境推開的，使空間要有多遼濶，就有多遼濶，眼睛一直看過去，不回來也可以。由此，可見林壽宇已完全解放視覺畫面的範圍感，較過去更徹底且切實地掌握住空間的無限性。另一方面，他將普普藝術直接呈現於畫面上部份的實物美，變爲全部。使畫面沒有一筆是畫的，等於是把畫筆拋掉，直接導演與製作實物的形感與色感，順應他美的心感活動，並溶化「繪畫」與「造形」於新的視覺狀態，產生美的畫面。使我們不能不說它也是「畫」。既然是「畫」，可是，與上次的畫法有所不同；他過去較偏向於水平拓展與衍生的疊景及層次感；現在進一步以具立體的方形面，架構成更具體壯觀的建築形態，造成畫面上顯著的形變，且有更可觀的表現。

由於他了解空間的實力基礎，又能提昇「色」與「形」的質感，達到了高的純度與堅度，這便從根本上抓住視覺美感空間在建築過程中的強勢與優勢，當畫面上一塊塊立體的方形面向高，廣，濶的無限空間展開，面與面連結的縫隙，看似線，其實不是線，都是無數潛移默化中的面，相互疊合成龐大的時空與宇宙之屋。因此，那些面若看成線，也只能看成接合天地無法觸及的天地線，眞有天衣無縫又有縫之感！他較蒙特里安用筆所畫的那許多方形邊線，的確更爲玄妙。這就是林壽宇較蒙特里安高明之處，因爲蒙氏用筆來畫，線便暴露了身份，畫面上的方形隨即產生「範圍感」，反而把空間分割且自困了。林則不然，他那本質上非線的「邊沿感」，只是使許多方形世界，滙合於無限的時空之中。因此，那許多方形的邊沿，看來像是人類在廣大「眼球」上活動的至爲玄妙的「通化街」，萬物到此，都自然地「通」

過且「化」入了……。這種視感，不就偏向於東方性嗎？較蒙氏精確與儼然地規劃的，是否更富意涵與迷人呢？至少林不但在形式與符號中，吸納了西方所偏重的「意識」與「觀念」，而且更始終堅持東方所偏持的「玄念」與「意境」。這在人類創作精神全面統合的表現上，應是更接近理想與値得重視的（這並非在評定兩者的畫誰畫得好壞問題）。

由此，也可見林壽宇是有夠大的魄力，信心與勇氣去面對西方的挑戰，並吸取西方藝術的卓越性。像西方大師布朗庫西與亨利摩爾吸取東方藝術精神中單純、和諧與渾厚之美一樣；林也大膽地把西方藝術較偏向精確、分解與疊現等立體組合機能，透過他個人從事建築的精密意念，輸入東方渾化感與緣發性的自然觀之中，溶合與提昇到最後的原本性，純粹性與絕對性，呈現他個人獨特、超越且具全球性的視境，其重心仍偏在「東方」。就因爲較偏向「東方」意境中的「悟」，便比西方意識中的「知」，更不可限制且更接近藝術無限的自由性與神秘感。所以，連大師米羅也曾被他畫中的白色世界所迷惑與驚讚！

僅僅只是他畫面上的「白色」，就能使藝術大師心動，那究竟是什麼力量呢？像貝多芬僅用一些音符，就可在音樂會上，把皇公與哲學家心靈的門推開，使他們順服於美。這不就證明我說過的「藝術家是創造人類心靈與精神世界原子能的科學家」。同時，也證實抽象畫家一直企圖在最後使繪畫的語言成爲像音樂一樣的精純、直接、自由、遼濶與具威力。林壽宇不是已做到了嗎？

他爲什麼能做到呢？單憑外在性的方法，形式與材料是絕不可能的，還是因爲他確實具有像「老莊」與「貝多芬」那樣能夠同時擁抱東西方的那顆更接近藝術的卓越之「心」，能確實全面性地掌握人類靈視在高層面與絕對境域中活動的強大勢能。否則，他的白色空間，豈不變成了白色的洗澡間與廚房嗎？那裡會是白色的「時空之屋」。畫評家如果只注意外在性近似的形態，而忽視畫家在那近似的形態裡極爲不同的內涵，如何能看出大家都在舞臺上跳舞，有人一條小水溝都跳不過去，有人一跳，腳下便是千山萬水？

可見所有已出現過的方法與材料（包括古今中外的時空感），都只被看做創作的元素與媒體。因爲藝術家是能更新與創造材料及方法，而不是被方法與材料創造的。所以，林壽宇可主動地提昇各畫派的機能（包括「抽象」、「超現實」、「立體」、「絕對」以及做爲他創作主調的「極限藝術」表現等），都轉型爲傳達他個人特殊內視世界的再生方法。呈現出一己獨立的創作意念與動向；並帶來視覺活動新的狀況與震撼。的確，在他那一塊塊立體方形面裡，康定斯基的「線條」，馬蒂斯的「色點」，和畢卡索的種種變「形」，都平平靜靜的睡進來了。

在他那單純美且絕對的色彩世界中，一看到紅色，晨曦、晚霞、花季、燃燒的生命之火，便都出來；看到綠色，青山、綠水、草原以及青春的氣息與滋長中的生命景象，便都滙流與輝映在一起；看到黃色，那金碧輝煌的世界，便全面的展開；看到灰色，自然界散發的雲霧、人世間的污煙……，整個視覺空間能不灰嗎？看到黑色，那是死亡與恐怖、或者是「夜」的眼睛，靜靜的守住「光」來把純白明亮的空間推出來，讓萬物又重現它繽紛燦爛的色彩。

更神妙的是他把一塊塊立體的方形色面錯開來，架構入無限高濶的空間，形成許許多多看不見的斜面，那不就是爲整個宇宙造一座座奪目的彩色梯嗎？是給山頂、流星、飛鳥、瀑布，或者天國的夢；滑下來，都不必管了。眼睛上上下下，想往哪裡去都可以，只是不要忘了，踩下去的，是無數響亮的音階與生命的回聲。這樣，不又爲宇宙造了一座龐大無比的鋼琴嗎？眞是除了看無窮，也聽不盡啊！

如此看來，視覺符號，絕非是孤立的表象符號，而是爲展示人類更廣濶更完美，更新穎的視聽世界而存在的，也因此使我們覺得林壽宇在藝術創作的表演世界中，不是只要技巧與玩方法的魔術師，而是屬於「高空飛人」型的角色，在高空裡，不但是他精湛的「技巧」與「方法」在飛，他的生命與萬物也高高的在那裡飛。所以他與宇宙有時都很孤寂，連「獨釣塞江雪」的景象，在畫面上都不存在了。眞是使整個空間與所有觀看的眼睛都爲之震撼與驚讚。

的確由於他畫面上「色」與「形」都有強大的容涵與張力，能達到高、濶、遠的位置，便也能進入一切存在與活動於永恒中的根本性與原點，而顯示出他是視覺世界中經營「形」與「色」企業公司財力雄厚的巨富與大亨。

此外，值得我們重視的，是他這次以建築與造型的機能，將金屬材料製作成許多立方形，然後沿對角線切開成45度與90度能移轉的角度，並給出變化與連續反應的運作方向與秩序，而使之形成在時空中運動的動體，且具象徵性地表現出一切的「存在與變化」。他這樣做，一方面使畫面上的「形」轉變爲更接近物質感的實體形態，從「牆壁」上走入「地景」，與實際環境接合，更逼近實視與實覺中的世界，是具有一已新的構想的。看來似雕塑，但又不是。它只是透過建築與造型卓越的策劃性，變成爲心象中的單純與絕對的「型構」，非常協和地與大自然的景觀溶合在一起，產生新的視覺畫面。這種畫面，從他拍攝放大的照相作品中，更可看出他是如何在超視覺的狀態中，企圖以突破的意識與觀念，進入創造性與前衛性的位置，把個人的「心象」與自然界的「物象」重新混合與架構成他心目中新的自然景觀，使「心境」與「物境」之間，搭起一道超越現實的看不見的視覺高架橋，輸送新的視覺內容。

只看他那些單純而靈巧的造型，就已被美吸引住了。那無數連串的金屬體，在45度與90度交互變化的角度裡移動，穿越過存在的質點與原點，像純淨而裸露的生命之流，在透明的時空裡移動，那一個個不同動向的出口，一張開，若不是地球的門，就是宇宙的窗。當你看那一連串的金屬正方形，不斷在變化中移動時，其實移動的是生存的時空，不是金屬的正方形。因此，當你把那些具體凸出的正方形體，也當作美的雕塑物來看時，則眞正被塑造的，是被無數正方形在變化中塑造出來的奧秘。像這樣的視覺符號與活動的位置，能不高？能不使一個藝術家創作的生命趨向偉大的方向嗎？

林壽宇這次展出，不但展出他的畫，同時也展出一個藝術家卓越的生命形象，並啓示出：做爲一個藝術創作者，能在孤寂中保持誠懇與執著的態度是必要的；熱愛藝術應有專一的精神，這種專一的精神，正像一個物體向空中拋出去，被地心吸回去，是沒有別的方向的。所以林壽宇曾認眞的說過：「藝術近乎是瘋子的工作」。而我不能不說：藝術是在衣、食、住、行，打好的肉體基礎上，爲人類造起心靈與精神世界的豪華巨廈與摩天大樓。

最後摘錄我「曠野」詩中的一段詩贈送給他，對他這次展出，表示內心的一些迴響。

你隨天空濶過去
帶遙遠入寧靜

你遼濶的胸部
放在太陽的石磨下
磨出光的回聲
花的香味
果的甜味

鳥帶著天空　飛出水平線
你帶著煙雲　回到原本
　再回來

註：林壽宇是國內外著名的大畫家，他的畫被世界各地著名的美術館收藏，也是作品唯一被故宮收藏的現代畫家。他回國帶動年輕的前衛畫家，從事前衛藝術創作，本文是我爲他畫展畫冊寫的序。

「異度空間」展的探討

——一次具新構想的空間觀念展

「春之藝廊」此次站在純藝術性的立場，展出具創意與前衛意識的藝術家群所推出的「異度空間」展，相信對拓展中國現代藝術是有帶動作用與影響力的。

首先我認爲既是以「異度空間」爲主題，便無形中是對「習慣性」與「舊有」的視覺空間，予以審視、考察與重認，並企圖採取開放性與更具變化性的自由廣闊的空間觀念，來引導人類的視覺活動，獲得更多可能，向前邁進，步入新境；也就是從過去已存在的『自然空間』、『心理空間』、『二度』、『三度』、『四度』乃至詩人王維心目中「山色有無中」的『N度超越性空間』等空間中走出來，去看整個自由存在的空間。這種喚起對「空間」產生新的覺知與「多識性」的意念，站在「藝術家是爲不斷開發人類視覺活動空間而存在」的觀點上，顯已有了絕對與肯定性的意義，可見「異度空間」觀念，並非標新立異，而是經過對藝術體認所產生的一種至爲嚴肅且具價值判斷的創作觀念。我作如此觀，是基於：

㈠「異度空間」，在創作中，能給創作者獲得多向性地探入新視覺空間的「勢能」與「

位能」，去把握不斷變異與演化中的廣闊空間，予以自由的發揮與創作，這已達到視覺藝術，給創作者在空間處理上，獲得最大的運作權與滿足感，顯然是值得重視的。

㈡「異度空間觀念」，一方面使畫布裏用筆畫的空間與畫布外的生活實際空間，全面開放成新的空間；一方面使畫布裏除了筆與顏料而不能容納的其他媒體，都設法用上；同時使「具象」、「抽象」、「超現實」，乃至「行動」、「即興」、「環境」、「觀念」……等各種藝術的機能，也都做機動性的運用……企圖使「材料媒體」與「方法技巧」，形成近乎「總動員」性的狀態與威勢，去進入甚至佔領更自由廣闊的視覺空間，突破受限在傳統畫框裏的視覺活動，而創造異於畫布所給出的視覺美感。這種創作意念，顯然已迫現出多向對比性的空間價值觀，譬如：

①齊白石過去在畫布上畫的小雞，因越看越動，看著白色的「翅毛」在動時，天空裏白色的「雲羽」也跟著動，眞是整個大自然的生命都脈動在一起，這種全部互動的「空間」，已將框裏的空間以超越的形態，推入無限的境界，確已有其存在過的位置（至於繪畫的發展與演變，畫家覺得有更新的藝術表現與畫法那是屬於另一討論的問題）。

②「異度空間」藝術家群站在人類創作智慧不斷向未來推進的階程上，去運用框內框外雙向性的視覺空間，不著重單向的自然外形，而是設法溶化一切成爲質感性的形，然後使之活動入有「目視性」、「靈視性」與「觀念性」的視覺美感世界，爲人類開拓另一個繁富與新異的視境，這不只是具有現代藝術的實驗性，而且更具有創造性的意

念與展望，確是可爲的。

㈢「異度空間」觀念，在創作中，著重對視覺空間的「有機視向」與「運作機能」，進行極銳利的追索，確對目前國內畫家在框裏所經營的「空間」，有考察與檢驗的功能，並產生警惕與建設性的作用：

①凡是抄襲與重複製作的風景畫、山水畫，都將因缺乏生機呈現僵化，而導使畫框裏的「空間」趨向枯萎，甚至朝向死亡。

②凡是止於表象性的繪畫行爲，無論畫面有多漂亮（不等於「美」），都將因缺乏「美」的實質與生命內涵力，而弱小與單薄，使畫布上的「空間」，也隨即縮小與狹窄，失去廣闊度與實力。

③凡是『看不出整個空間，是一生命體』的畫家，他便沒有空間，他的空間只等於原來的畫布與畫框。反之便有可能在那廣闊的空間裏，爲宇宙開設「門窗」，建造「高速公路」，使一切生命在活動中，有更多「美」的動向與出口。這的確是畫家應有的體認。「異度空間」藝術家群便正是以在這次實驗性的展出過程中，證明他們用創作的行爲來盡力爲這項「體認」服役，並迷於多層次的視覺空間之探索與開發以及相對地使眼睛辨別出那些「景物」仍活在或已打盹與死在畫布裏。那些「景物」反而在畫布外獲得生機勃勃的成長力量，而保持藝術家是不斷探索生命與創造生命的另一個造物主，非殯儀館的化粧師。

(四)「異度空間」觀念，激發創作者對視覺空間的探索與開拓，所產生機智、高能度與多動向的「想像力」，這對拓展中國現代藝術家廣闊的創作視野，是有重大幫助的。

的確，當我們一直覺得中國現代藝術家，達到某種水準，便大多全被困住，無法突破，始終很難到國際藝壇去較量，究竟問題在那裏？其實我們的現代畫家從書本上，不是不知道國際間各種潮流與畫派在做些什麼，但往往只是在知道「別人所做的什麼」裏跟隨與打轉，出不來。而這究竟是因爲什麼呢？我們可斷定的說這就是缺乏眞實、機敏、高能、繁富與具探險性的「想像力」——也就是缺乏「腦視力」與「心視力」所連結成內在無限廣闊龐大的眞實的（非樣相的）視境，沒有這樣的視境，如何能有不凡超越的看見，來作突破性的創作呢？這情形正像以小資本來經營大企業，除了向人貸款，要嗎冒牌賣劣貨，要嗎？老老實實做些小買賣。的確「想像力」是思想中的思想，是內在卓越的視力，是人類創作智慧中的主力，科學家以它達到最高的物境；藝術家以它達到最高的心境。人類尖端的科學、文化與藝術，都確實是存在於偉大的「想像力」中。「想像力」能溶解智識、經驗材料與方法進入超越性與創造性的新境域。一個藝術家若活在缺乏活潑「想像力」的環境中，自己又感染上社會上的俗庸，使想像力（內在能見度）減弱，像電瓶缺乏電，如何能使創作世界發出強光？

榮獲諾貝爾獎的丁肇中博士，最近口試幾位擬往國外深造的學生，認爲他們在書本內的接收力與認知力還可以，但離開書本，要他們進一步發揮自己的思辨力，提出質疑與問題，卻不夠。這些看法，重點就是落在這一代中國人在創造智慧中的「想像力」問題，值得從事創作尤其是從事藝術創作者，去多加深思與覺醒。的確，只有「超級」的巨型「想像力（內視力）」，才有可能探視入遼闊深遠的視境，去切實看見一切在活動的繁美與多彩多姿的形態，而可能因勢找到表現它們的種種獨特的方法，這裏邊已潛伏有無數的「創造性」，也助證我一再說的話：「大藝術家是創造方法的，不是被別人的方法創造的」。基於這種認知，「異度空間」展，在這次具實驗性的表現中，特別著重與強化個人特殊新異的想像力，確已顯得相當的有構想與意念。

㈤「異度空間」展，走出畫框「以個人自由」以及強化與特異的「想像力」去運用筆與顏料以外的媒體，開拓與創造畫布以外更自由廣闊且實際的視覺空間，這對推展環境藝術以及未來大幅度地建造國內生活化的藝術空間，也顯然有其潛在的作用力。

㈥「異度空間」展，以具膽識的實驗性創作行為，給在人類「眼球」上從事視覺開發工作的中國現代藝術家們，提出了一個嚴肅的告示——那就是當第一自然（田園景觀）與第二自然（都市景觀）所有的景物，都擺在那裏，創作者應該有充份的信心與意志，去以自己獨特的「想像力（內視力）」設法穿越它，站在自己的色彩與線條裏說話，這樣才會探索到一些能滿足視覺的新內容，也不致於永遠做古代梁楷董源范寬的「副官」，或者永遠當現代西方大師的「跟班」，創作者應盡力將自己的創作『才能』，經過對「生命、時空、宇宙」不斷的探索與體認，而有所深見，提昇爲「才華」，以便擁有高度的智慧與卓越的想像力，而有眞正的「眼力」，與足夠的氣魄去駕馭甚至整合「古、今、中、外」的視覺活動面，進入自己的導向，創造新的視境。

最後，我覺得這次展出，除具有前衛意識與相當傑出的青年藝術家參展外，尚有享譽國際的名畫家林壽宇，也以關注與激勵年青人的心情參展，據說此次展出，事先還是林壽宇策動的。可見他們是懷著熱情與嚴肅的構想，以及基於對中國現代藝術環境的關心，來舉行這一具實驗性的展出。他們都一致認爲，在實驗中，可能有成功的作品，也可能不夠理想，但其創作意志，對拓展中國現代藝術的視覺創作領域，卻是如本文一開始所說的，確實有帶動作用與影響力的，須要大家來關心與共同努力。

註：此文是臺灣前衛藝術家群「異度空間」展畫冊序言（有兩篇，另一篇由管執中撰寫）。

「超度空間」展的探討

由於廿世紀人類生活在快速緊張且具壓迫感的物慾文明世界裏，一種焦灼的生存慾望，驅使大多數人，都渴望在一刹那間，擁有到永恒與一切的心態，是越來越明顯與尖銳化，像一支臘燭，非但要兩邊燃燒，而且最好是整支抛到火裏去，如看電影電視，可在同一個時間單位裏，享受到文學性、繪畫性與音樂性的樂趣；如理髮還有別的；如經營人壽保險，還要搞關係企業。恨不得在生命的日落之前，整個世界都掉進自己的懷裏去……。這種生存的實態，不但反應在現代人一般的生活狀態中；而且也不例外的反應到藝術家創作的潛在慾望的意念中，因為藝術家也是人，只不過更多出物質慾望之外的精神存在的慾望。

譬如抽象畫派，最早要推開具象畫有形的約束，而張開內在記憶的眼睛、想像的眼睛、夢的眼睛、潛意識的眼睛，去把內在所有的『看見』，都呈現出來，滿足視覺全面的須求；以及後來更具探險性的藝術家，抱持包浩斯觀念，企圖突破繪畫、雕塑與建築三者在過去「各自為政」的傳統存在形勢，而提取且溶化它們個別特殊的機能與質素，去共同合力表現一個全面性開放的新型的視覺活動空間，使人類的眼睛進入多元次更富於變化與具滿足感的具體的視境，這樣做，正如同一個工商業企業家，將三個分公司的財力，去建造一個更龐大壯觀的總公司，所不同者，是藝術家爲精神的企業家，都幾乎是被這代人急切地追求生存慾望的滿足感，鞭策出來的。

像抱持包浩斯觀念這類具革命性的藝術家，爲擴建與更新人類視覺活動的空間與內容，所呈現的創作意念，勢必帶來藝術表現的兩種可能與導向：

㈠如果朝接近行動化與生活化的現實生存環境發展，便緊縮範圍成爲裝置藝術（INSTALLTION ART）或擴大範圍成爲環境藝術與地景藝術。

㈡如果穿越且擺脫「裝置」「環境」與「地景」藝術有形的局限性，再度超昇與轉化進入無形無限且純粹的視覺活動境域，便是接近我心目中的「超度空間」創作世界了，這世界，與其過去「新造型」、「絕對」、「硬邊」、「極限」等畫派穿越自然畫派與抽象主義，向「純粹」「單純」的視境，所做的第一度提昇與轉型，是不同的；因爲它是從抽象世界回歸到「新寫實」、「環境」、「地景」等藝術流派，所呈示的新具象世界之後，再向「純粹」與「單純」的視境做第二度的提昇與轉型。

在這再度轉型與具超越性的「實在空間」裏，因物象與心象再度溶化入純粹的美感形式，便呈現出超見識超智識能力且無法說明的具實質的純粹的型構世界，而接近「尖端」與「精緻」的高次元的視覺藝術創作世界，並使視覺活動空間，呈現新的機能內涵與秩序美。

如果這次展出的「超度空間」，是朝向上面所闡述的「超度空間」意念而爲，則其所經營的視覺空間，必有其特異性，絕不同於下面所列舉的各種藝術流派所製作的空間，否則便很可能滯留在「裝置」、「環境」與「地景」等藝術活動空間當中的任何一個空間裏，被局限下來，而達不到上述「超度空間」的欲求，因此「超度空間」應該是：

㈠它絕非自然畫派，使自然物象各自佔用下的固定與局限性的活動空間；而是製造一切存在與其存在的時空，於無形中相互活動，所呈現的無限變化的空間。

㈡它也非抽象畫派與超現實畫派緣自「純感覺」與「潛意識」等多少帶有暗示性的符號，所展現的感性經驗空間；它是超越這些而在經過冷靜的思考之後，建立起知性明晰可見的富於變化與秩序美的空間。

㈢它也非絕對主義，將繁雜的現象界，用幾何形使之簡化所架構成多面性的立體空間狀態，而是將對主義畫在的畫布上的造型空間，具體化且轉移到更自由多變與生命不斷介入的實際空間裏來，成爲更自由運作的具體空間。

㈣它也非極限藝術將一切極力推到純一存在的「極點」所呈現的空間狀態；它雖也採用極限藝術的某些因素，去提昇與簡化存在的複雜性進入單純，製造以「單純」包容「無限繁富」的型構世界，然而，它不同意極限藝術將無限的空間，凝固在那個「極點」上；它是要把那個「極點」，像鎖一樣打開，使空間成爲「無始無終」且有「無窮變化」任由萬物生命無限地自由往來的運動空間。

㈤同時它也非環境藝術，受環境地形與景物影響下所形成的難免帶有某些特定性與約定性的空間狀態；它雖也有同於環境藝術之處，讓人與生命介入，使空間爲人與生命的活動而展開；但它畢竟超越了環境藝術「局限的外在性」對無限空間運作時所加以的任何阻力，而維持整個空間全面性開放的自由活動狀態。

㈥當然它也非一般雕塑藝術，以令人注目的形體所佔據住的空間，結果眼睛關心的是雕塑本身，空間只是一部份襯托的背景，不被重視甚至被忽視。相反的，「超度空間」是要眼睛從它製作的那些造型中，去看那容納萬物生命在活動中的整個神祕美妙且無限地變化的空間，於是，「整個空間」在無限遼闊且實在的內在視野上，竟是一個流動性且充滿著音律的可見的型構世界。

如此看來，「超度空間」，不但超越了上述視覺藝術所經營的空間狀態；而且把整個空間實體，導演成種種純粹的視覺活動的美的狀態，使人們的眼睛看到的，不只是那些浮現在視野上純粹且具有實質性的「抽象形」，而是埋伏在「抽象形」背後那不斷移動變化的整個空間，帶著萬物生命在運轉時那無數美妙的「動向」與純美可見的「景面」。因此一個呈現新意的新型視覺活動空間，便也自然的被引發出來，像這樣的一個「超度空間」，能在參與這次「超度空間」展的藝術工作群的實驗性創作中，有所表現，則多少是對國內視覺藝術創作環境，深具有開拓性與建設性的意義的。

註：此文是臺灣前衛藝術家群「超度空間」（繼「異度空間」展後）展畫冊序文，共有兩篇，其他一篇由王秀雄教授撰寫。

「超度」空間創作

——一隻企圖將視覺天空飛得更高闊的藝術鳥

一群具前衛思想的視覺藝術工作者，在林壽宇的影響與指導下，於一九八四年與一九八五年，分別在春之藝廊舉行的「異度」與「超度」展，在臺灣畫壇展開具有開創性與挑戰性的藝術創作空間。這些年來，雖未引起特別的重視，但卻持續著一個值得視覺藝術創作者去面對與進一步去探究的創作問題。

「異度」與「超度」展過後，雖曾被畫壇部分人士認爲是曇花一現的創作行爲，有面臨危機之勢。但林壽宇仍執持自己的看法，不以爲然。曾參展的張永村，則更不死心的抱持著狂熱的信念，同時在以與林壽宇同中有異的形態下，繼續向前探索。

究竟「異度」向「超度」繼續向前推進的空間創作觀念，有沒有其確實存在的意義及其發展的理想空間？我從他們的展出中，認爲是有的。但實踐與完成，會出現高難點，相當不易，需要高度的心智與思考，不然會流失爲「空間」的遊戲。

其實他們試圖以純粹、高質感、更富實力的「存在與變化」的造型符號，去同「存在與變化」的無限地開放的「活」的空間對話，並突破其他視覺藝術流派固有創作活動空間的藩籬，開創一個全方位與全新的「存在與變化」的「活」的創作空間。

這個創作空間，同其他藝術流派的創作空間相對照之下，顯然是更爲自由開闊與無限地「存在與變化」的，能爲人類「眼球」進行更無限的探視與拓展工作。因此「超度」空間的藝術工作群，已近乎是在人類「眼球」上向前航行與探險的另一個哥倫布。

如果視覺藝術家的終極工作，是不斷開發與建立視覺活動更廣闊與新的空間形態，則「超度」空間的藝術工作群，便是站在這一具優勢的創作基點上，進行視覺空間新的開拓工作。對於「具象」畫將世界限定在一個可見的有限空間裡；對於「具象」雕塑往往不顧空間，只將空間當作放置作品的背景；對於在畫布經營的「抽象」與「超現實」空間，以及「裝置」與「環境」藝術乃至包浩斯觀念下所規劃的空間……等這許多仍隱約帶有範圍性與固有的創作空間，「超度」空間的藝術工作群，在全方位探索人類視覺空間的欲求中，顯得仍得不到完全的滿足，尚有向前突破與發展的動力，這也就是要了解「超度」空間藝術工作群之所以提出「超度」空間觀念的潛在原因與主要的關鍵。

誠然，「超度」空間的藝術工作群創作的主要焦點，是在先把整個開放的空間當作一個「存在與變化」以及具「生命」的空間，將造型符號提昇到上文所說的具有高質感與生命實力以及「存在與變化」的造型符號，然後使兩者於整體性的互動中，順著創作者的意念、構想與策劃，進入「存在與變化」的無限視野，使開放不受制約的造型符號，同開放的不受制約的空間，進行開放的不受制約的對話；並在視覺的鏡頭中，看到一個全新的奇蹟——那就是在無限地延伸與「存在與變化」的透明空間裡，所有的造型符號除了雕望自己，也雕塑整個空間，也被整個空間雕塑在一起，並一同雕進了無限地「存在與變化」的視覺世界，讓整個視覺的造型與景面，便也浮現在源遠流長的「前進中的永恆」的時空流程中，呈現出那「無所不在」的「在」。

就因爲「超度」空間強調的是「存在與變化」的「無所不在」，而且不受制約的內視空間，便也自然對畫框、畫廊、美術館乃至地景與環境藝術規劃區等外在「限定性」的展示空間，感到不夠用。即使作品有時也被陳列在美術館或建築物的室內與廣場，但作品中「存在與變化」的造型符號，仍是在無形中超越那可見的局限空間，同它全方位開放、向內延伸的「存在與變化」的無限空間會合在一起，呈現出視覺無限的思考與想像的空間。

從上面所探討的，可發現「超度」空間的創作觀念絕非標新立異，而確實有其具突破與開展性的創作空間。如果說「五月」與「東方」畫會是第一波對中國傳統繪畫的革新與曾推展中國現代繪畫的藝術創作，則「超度」空間的藝術工作群，便是企圖第二波對中國現代視覺藝術創作空間，予以突破、拓展與做進一步的更新，從另一個方向探求與開創一個更能滿足視覺的欲求的全方位開放的活動空間。當然這並不否定其他派別（包括具象、抽象、超現實、裝置、地景、環境……等。）仍可在其個別抱持不同的「空間」感中去作業的事實；只是在我以「天空來容納鳥」的較具開放性的論見中，認定「超度」是能把視覺天空飛得更高更廣闊更自由無限的一隻純粹的「藝術鳥」，而且在不斷的「存在與變化」中，飛入「前進中的永恆」的視境。

當然具開創性且不斷「存在與變化」的「超度」空間創作觀念，它畢竟仍是視覺藝術，不只是動聽的觀念，仍必須有其可觀的視覺造型符號與「畫」面（不一定要畫的）以及活動的視覺空間。那麼能做印證的確實作品在那兒呢？只好從印在張永村畫冊裡的有關「超度」空間觀念的作品中，去找答案了。

註：①「前進中的永恆」是我對人類的創作思想，尤其是對後現代創作思想可能偏向於「存在與變化」的低層次「消費思想」性格而提出防範。因爲「前進中的永恆」，既可包容「存在與變化」，又能將之提昇入思想高層次的、具有持續性（即永恆性）的存在與活動境域，同思想家湯恩比心目中「進入宇宙之中、之後、之外的無限的眞實存在」的視境是相觀照的。「超度」空間，就是企求以視覺造型符號，超越到這個視境裡來。

註：②本文是爲畫家張永村「超度空間」畫冊寫的序。也是我一直充當「異度」與「超度」前衛藝術家創作理念推介者的感評。

莊普的繪畫世界

——他創造了精純、精確、精密、精緻、精美的「純一」的畫境

由於從田園(第一自然)與都市(第二自然)所看到的景物如此繁雜，加上自然派畫家一直受困在外在形態所做的描繪，已不能滿足視覺的慾望與須求。於是外形世界，便交給攝影機，如今，連攝影家都嫌不足。因而一個內在「無所不在」地展開的視野，便使視覺藝術獲得更多的可能，去策動與轉化一切，進入更富內涵與實力的視覺世界；也使現代藝術家，都幾乎把創作的基本觀念，放在下面的這句話中：「自然的終點，便是藝術的起點。」

當創作者以「心眼」與「腦眼」將「目視」的世界、化解轉型到各種更滿足視覺須求的狀態，予以表現，便也相連地產生出「超現實」、「抽象」、「立體表現」、「構成」、「新造型」、「空間」、「觀念」、「極限」，等層出無窮的繪畫主義與流派。

莊普的繪畫生命，也不外在這一千變萬化的藝術潮流中，穿越、成長與尋求發展。大體上看來，他目前的畫，仍是透過都市景觀(經過人設造的第二自然)潛在的視覺經驗，所轉型過來的「再造形態」。這種「形態」，與都市具策劃性、設計性與建築性的美感形態，是

無形中有所關連的。只不過是他將都市空間所呈現的景觀，向內溶化與提昇入「整體性」的更爲「單純」以及具有「超越能力」與「無限性」的「基型」，呈現視覺新的美感秩序。所謂「整體性的基型」，便是已跨越都市內外（且涵蓋大自然）空間，所向內再現的新的視覺空間的狀態。

在這一偏向於「造型的規律性」、「理性的確定性」與滲入經過藝術提昇的「設計性」。所經營的特殊的視覺空間內，我們曾看到夢特里安的「紅黃與藍的構圖」、里特維爾的「建築圖」以及林壽宇的「白色空間」等不同的作品，均都有過卓越的表現與成果。

而莊普在這一近似性的空間觀念中，所展現的作品，究竟有那些傑出的表現與意圖，下面是我提出的觀感：

㈠做整體性的考察，他雖也難免接受「抽象」、「立體」、「結構」、「新造型」、「空間」、「觀念」乃至「極限」等畫派的某些影響，並吸收過其中有機的質素，但他畢竟在創作的過程中，能使媒體與方法技巧歸化到自我創作的主導位置，而保持一己特殊的風格與面貌。

㈡在造型空間「規律性」的繪畫行爲中，他不用畫，而用印章來達成「點到線到面」的畫面效果，是具有創意的，由於印章蓋下去的深淺色紋，富於刻度，能產生空間內在結構的質感與應變力；同時，由於成千成萬的章印，在行動化的「印行」過程中，有如「視印」，或說是「眼睛的腳印」，奇蹟地踏入層次分明的視覺空間；甚至可說是萬物活動留在無限空間內的美妙的「形跡」——這些純美的「形」，無論有或已超越「象徵性」的視覺意態，都已呈現出頗佳的耐視性，而美得耐人思索。

㈢他經營那無限地蛻化變動與延伸的視覺畫面，任意抽出其中一部份，都能與無限地擴張的廣濶空間相連接，這就相當的有觀念了，也因而掌握到開放性的創作空間，隱藏著較多的可能性與待發的未知世界。

㈣他在畫面上，導演「點」、「線」、「面」同時出現又同時分開存在於同一統一性的視覺空間中；也使畫中的「靜面」與「動面」以及「繁複」與「單純」等相對狀態，同時出現又同時分開存在於同一統一性的視覺空間中，而始終保持住畫面上單元與多元性的因應與互動的運作效能，是顯得有整合與處理畫面的高度能力的，同時也說明莊普已是視覺空間舞臺相當具有思考性與個人創見的導演。

㈤為躲避自然複雜繁瑣的外在形態，他向內提昇一切進入「單純化」的型構世界，建立起自己心目中「純一」的視境，同時使所有的媒體在畫面上運作時，均以同步與互動的色感與形態，去表現出至為統一的秩序美。於此，加上他製作的「色」與「形」具有相當高的純感與鮮明度，便特別地創造了一個「精純、精確、精密、精緻、精美。」的繪畫世界；同時也使他步入尖端與純粹的藝術創作境域。

㈥由於他在畫面上，清理出相當單純、潔淨、舒暢與開放的視覺空間，具有高度的適應性，能迅速地引領現代人的眼睛進入視覺活動的「快車道」與「高速公路」而在潛意識中感觸到一切在活動中的「前衛性」；不像那許多多已形陳腐的風景畫與山水畫，將眼睛停滯在阻塞、封閉甚至已僵死的視覺空間中。此外，我想談莊普在這次展出的作品中，他是如何從過去所完成的基層上，做自我的突破。

首先他在已往那「純一」「自由自在與自動」化的視覺畫面上，分別加進具體的「斜線」、「扭曲的曲線」，或「多條同步斜線」與「拋物線」等外動力，去激發空間的變化，呈現出視覺活動新的美感秩序與系統，是具有某些突破性的。

譬如「斜線」斜入畫面，既可分割空間產生對比的張力感；更可使整個空間爬上去或斜滑下來，同時以斜線爲軸，又可形成轉動的態勢；至於「扭曲的曲線」，則可顯示出整個空間在活動中的純粹的扭力及其扭轉的幽美形態；「拋物線」更可帶著整個空間入歌入舞與飛揚了……他只用上這些至爲簡單的線條符號，便能引發視覺在「肌理上」產生如此敏感與奇異的劇變，可見莊普是一個相當有設想力與機智的畫家。

其次他「實驗性」地將其中一幅相銜接的畫，置放在地上，不但打破以往繪畫懸掛於平面的空間觀念；也把繪畫在畫面上所製作的空間與放在地面上那幅畫所帶來的具體空間，交合成另一「具體」的「新造型空間」，這種異樣的表現，可說是繪畫藝術的一項帶有試探性的創見，也是他試圖突破繪畫的「平面空間」，而步入更切實與有更多可能發揮創造力的「具體空間」。因此，他這次展出，置放在地上的那幅連鎖畫，應是一深具意義的啓示；甚至被視爲是他從繪畫的平面空間，踏進「多面性的具體空間」（或就說是「異度空間」）去展望他未來藝術創作生命的奇妙的臺階。

最後我要說的一些感想，是從莊普這次展出的畫中，可看出他是一個具有潛力與一己風格的年輕一代的畫家，他創造的視覺內容與資訊，在比較上，都相當的帶有新意與前衛性，在現代人視覺生活的「新社區」，確也呈示出相當的建樹與景觀，難怪他從西班牙學成歸國不久，便以他優異的表現，獲得了臺北市立美術館舉辦的七十三年度「中國現代繪畫大展望」中的首獎，縱然如此，我認爲他仍然必須繼續對視覺世界做「深」「廣」度的探索，以獲得內在更豐富的「視向」與「看見」，否則「視野」與「視象」趨於狹小，高大不起來，最後又只能停留在有某些水準與成就的創作境域中，這種實況，過去的畫壇一再發生，這是莊普與任何畫家必須終生警惕的。並永遠堅持對藝術的執著感與狂熱，而接受種種嚴肅性的挑戰。的確，一個眞正的藝術家，絕非畫匠，必須像虔誠的宗教家，不斷的去背起由「美學」與「生命」所交加成的那座越來越沉重的「十字架」。

註：此文是我寫的畫家莊普個展畫冊的序言（一九八五年五月十五商工日報）

異度空間的拓展

——談張永村獲首屆抽象畫大展首獎作品

臺北市立美術館舉辦抽象畫首屆大展比賽，首獎得主，是青年畫家張永村，其作品爲「海與鄉愁」、「源遠流長」。

當我進入展覽會場，張永村那件作品，的確較具有吸力，也頗具現代視覺藝術所重視的「前衛性」、「創新性」與「震撼性」。

在作品中，他企圖突破以往水墨抽象畫在畫布上畫的空間，去接合畫布外的「實體」空間，使水墨畫呈現新異的空間，使視覺活動進入「新界」，獲得新的美感經驗，這已多少具有「前衛性」與「新創性」的因素。又他透過穩妥的統合力，使畫面發展的層次秩序，趨向「整體性」，讓「畫布內」「畫布外」的交合空間，引起視覺活動產生新的強力與威勢，便已構成所謂的「震撼性」，這都可說他這件作品首先給人的好印象與觀感。

由於這一代畫家，面對現代五花八門千變萬化的繪畫流派，究竟何從何去，以及如何建立一己獨立的風貌，確是困難重重，一不小心，便會於有意或無意中掉進別人的勢力範圍，成爲「第二手貨」。但畫家若有足夠的自覺與轉化力，能吸取各方面有利質素，以壯大自己，則仍是相當理想與可爲的創作途徑。

張永村這件作品，看似簡單，只是將不同墨形墨韻的水墨，潑在幾十條排列有序的巨幅宣紙上，但仔細分析，則顯然滲溶有「具象」、「抽象」、「超現實」、「普普」、「達達」、「立體」、「空間」、「觀念」、「絕對」與「極限」等畫派的某些質素：

㈠「具象」質素：如巨幅長條宣紙呈現海的波浪形象；水墨湧現的浪潮狀態。

㈡「抽象」質素：如畫中以無數「流動性」的宣紙，表現「海」綿綿不絕與源遠流長的存在感覺。

㈢「超現實」質素：如作品中，使原本在平面空間活動的海，因受無數浪面的層層掀開，海便於潛意識中，在立體感的空間中，站起來，形成超現實的視覺空間狀態。

㈣「普普」質素：如直接以宣紙（實物），當作畫面上的形象看待。

㈤「達達」質素：如在作品中，將整塊「畫布」的空間分割，產生多層面發展，又復合爲整體性的空間狀態，以及製作「框內」「框外」的雙拼空間……這種反常規反傳統的無所不能的創作意念，顯已含有達達的精神質素。

㈥「立體」質素：如作品透過「空間掃描」的視點，使「海平面」在無數展現的「浪面」之間，架構起「海」存在的多面性的立體空間。

㈦「空間」「觀念」質素：如作品中除「畫布」上畫的空間，更著重「畫布」外所製作的空間，這是延續他在春之藝廊「異度空間」展出的觀念，也是對傳統繪畫視覺空間觀念進行具挑戰性的實驗與探索。

此外，如他企圖以長方形的幾何圖形（長條宣紙），把海的自然景觀，轉化爲內視世界中的至爲「簡化」「單純」的視覺符號，也已多少含有「絕對」與「極限」藝術創作的某些質素。

張永村的作品，雖潛藏有上面這許多畫派的質素，但可喜的，是他能溶化它們，於無形中進入一己全主動性的創作導向，去專誠地表現「海」的具有震撼性的澎湃的氣勢，動力與壯闊感，而難於歸類入任何單一性的畫派，只遵照他個人的表現方式，或勉強戲說他是「感性異度空間」畫派的畫家，但事實上，他在最後仍跳不出抽象水墨的大環境。

在這一創作層面上，他確展示了一己新的意圖，且有所表現：

㈠他的作品，雖仍然屬於抽象水墨畫，但絕非以往的抽象水墨畫，因爲「山水」已流出畫布，進入畫布之外的可觸及的「實體」空間（異度空間），同時「畫布」本身，也直接被製作成畫中重要的形象，故在技巧與媒體的運用上，都應被視爲具「突破性」與「創作性」的抽象水墨畫。因其提供過去抽象所未有的視覺環境與美感經驗，這應說是抽象水墨畫界域中的一項新表現與異數。

㈡他頗能掌握媒體的質感、及處理內涵世界「部份」與「整體」發展中的互動性與統一性，而維持作品相當穩妥的結構形態與勢能。如他以不少巨幅長條形宣紙產生的「擺動性」，去緊緊扣住「海」的澎湃起伏的龐大形勢，實在是不可思議。他竟能使「紙」之柔性，確實轉型到表現「海」的剛性。又如以揮灑在衆多宣紙上濃、淡、深淺、疏、密有秩的水墨，湧現出栩栩如生的壯觀的浪潮，「海」便幾乎以「行動性」的實態，走出畫布，步入「實體」的空間，使視覺中的海，也同時成爲觸覺中的海，豈不因此拓寬了水墨抽象畫新的視域？

㈢他在創作中，順著一己那超出想像的近乎狂想與幻覺的勢力，冒險地闖入過去水墨抽象畫所未進入的視野，去架構「壹萬多號」如此巨幅的龐大的立體畫面，對視覺產生臨場性的威力與壓迫感，在中國水墨抽象表現的世界中，雖非絕後，也是空前。這或許是他這件作品特別引入注意的地方，當然除了它出奇的「龐大感」外，應該尚有整件作品在藝術表現上的穎新的效果。

㈣由於他對「空間」頗有觀念，能大膽構想與策動許多巨幅長條宣紙，以不同角度順序展開排列，斜立入空間，一方面形成層層「浪面」狀（綿綿不絕）與條條「河流」狀（源遠流長）等同「海」相互動的形態，引發波瀾壯闊的視感；一方面更順著不同角度的移轉，使「海」的平面空間，廻旋入無數美妙的扇面，而不斷形成「方」「圓」相錯綜交替的立體空間，萬物便生生不息的在穩定的「方形」中靜止，在渾然的「圓形」中流動；更絕妙的，是讓眼睛竟能把「海」具體的樹起來看，這種視覺活動的新異性，過去的抽象水墨畫，既未發生過，那當然是張永村的創見了。

㈤他這件作品，不但接受畫家林壽宇空間觀念與極限創作的影響，把過去畫在畫面上（

或製作的）那無數精美、小巧的長方形符號，簡約與歸化成目前「具體」且巨大的長方形體，激發視覺活動空間呈現出較大且充沛的威力與質量感；而且經過內省與調整，重新製作「紙」具「擺動性」的長方形，來取代以往畫面上「精確穩定」的長方形，而建造起「流動性」的具體空間，使在「冷靜理式」空間中活動的視覺，轉移入充滿音樂、律動、有溫潤感與渾化力的「流轉屈折」、「摶虛成實」的生命空間，宇宙萬物滲和其中。如此畫境，除具創意，也多少呈現中國現代畫家在廿世紀所持的「世界性」自然觀，值得注意。

此外，他不在表面性上去重複製作那流暢漂亮且已形俗氣、舊態、僵化的近乎「脂粉式」的畫面，而極力使媒體進入視覺活動極爲前衛性的新界，產生新的能力，來表現那具原創力與質感性的新穎的視境，即使對習慣於「俗化美」的觀衆有離心力，但其在提供視覺活動新的資訊與意涵這方面，仍是可取與值得注意的，因爲畫家的工作，是在不斷開發與製造人類視覺生活穎新的內容。

最後，我認爲張永村這件具實驗性與作風大膽的作品，在此比賽中之所以獲得首獎，雖非完全基於我上面對他作品所做的探討與評價，但至少相當的有關。希望他身爲中國現代畫第三波（第三代）畫家，獲得此獎，應紮實的繼續往前探索與努力，並因此激引中國現代繪畫一波又一波地向更開闊的境域，不斷邁進，以期有望未來獲得國際性眞正的地位與聲譽。

臺灣新聞報一九八五年四月廿七日

『低限與材質之後』展的前後觀

——看胡坤榮的「超度空間」展

繼龍門那次展出之後，胡坤榮將畫在畫布裡高亮度、以及強調色彩表現與著重硬邊感覺的組合色面，予以解構分離，使諸多不同的純粹色面，換以具「實感」與著色的材質——木材，具體化到開放性的實際空間裡來，建立他具體平面化的造型世界與新貌，以此他曾參加「春之藝廊」舉辦的「異度」與「超度」空間展。

其實這兩項展覽，單從「異度」與「超度」名稱去解釋，是較缺乏確定性的，倒不如從他們展出的作品去觀察，或許可獲得較接近事實的界定。我一直認爲他們是企圖超離說明性乃至暗示性的「造型」與「空間」觀念，而以純粹的色彩與線條造型符號，進入無限自由存在與變化的具體空間，去建立視覺活動新的空間觀念與美感秩序；或許乾脆說他們是在玩「存在與變化視覺空間」的藝術遊戲。但事實上，這兩次具實驗性的展出，對現代人透過現代都市「建築性」與「設計性」的潛在視覺活動經驗，進入純粹、具體且無限地延伸的新造型世界，應是有幫助的；同時對國內現代視覺活動美感空間的開拓與提昇也多少有帶動作用。

在參加「異度」空間展中，胡坤榮以著色木板，採取平面橫向排列，排成視覺的「彩色跑道」，製作色彩進行中的動感過程與秩序美，是醒目且悅目的。

在參加「超度」空間展中，胡坤榮雖仍以著色木材爲媒體，但已改用立方條狀，一根根縱向樹立排列，排成視覺的「彩色滑面」，不同於「異度」展的是：

㈠由薄板面演化爲具厚度的立方條狀，使視覺空間的構成與造型的肌理與質感趨於強化。

㈡將空間縱的舉起，與「異度」展將空間橫的平放，是兩種不同的空間藝術設計「遊戲」。

接著他在市立美術館以無數著色的鐵條銜接架造成建築式的支架形體，懸掛在空中，結果在觀看的同時，整個「架構形態」，竟是一座被建築起來的立體「空間」。

後來在「SOCA」展出，他那具體又可分離存在的色面，便乾脆在「存在與變化」的空間裡，隨時隨地視情況的安排與設計進去，形成他色面漫延性的行進途徑，甚至帶有「裝置」性，入侵到生活的實際空間裡來。

之後，他在一年內重新思考一己所經過上面的那些創作歷程，而在最近於「春之」展出的「低限與材質之後」，再度出發，媒體雖仍緣用「木材」與「色彩」；創作意念，雖仍是玩「視覺空間藝術的設計遊戲」，但運作的形態與動向卻有些不同：

㈠他是有意整合在「龍門」「春之」「市立美術館」與「SOCA」等先後四次展出的「分別性」，歸向一體；一方面使從畫布上分離到實際空間而散開存在的諸多「具體」色面，集攏組合，重現以往「畫布」上的色面結構形態與較接近慣常收視的「畫面」性，並刷新視覺對傳統繪畫性的收視效應；另一方面緣用他那件懸掛在市立美術館，空中的立體鐵架形態，表現出相當強的「建築」與「裝置」意味，而也無形中抓住都市型潛在實際視覺活動的重要磁場。反應與傳達較具現代感的視覺空間信息。

㈡過去他幾乎是站在「色彩造型」的絕對強勢甚到至上的觀點上，使他「設計」中的種種「色彩」，佔領整個空間；覆蓋所有的形態與所有的表現媒體——包括畫布、木材、鐵架（除在市立美術館他例外地以不鏽鋼原色展出的那件作品）等，因而也使他成爲「色彩構成與造型」的創作者，在這方面呈現他個人的特色與顯著的風貌。而在此次展出，他卻強調以檜木的「原色」做爲壓底的主色調，然後將各種色彩依視覺活動層次與秩序設計進去，使整個色感造型空間，產生異動與變調，呈現新貌，以達到創作繼續「推演」與「調整」的意願，是可喜的。

然而在上述的兩項移變與成效中，也迫使他的創作無形中進入相抗性的狀態；面臨問題的挑戰：

㈠他此次展出既強調檜木的原本色感佔用整個色面空間的較大比例；則他必須使他原先堅持「設計色」的優勢，照應甚至襯就檜木的原色表現，這中間，如果「設計的色面造型」，仍帶有顯著的設計性甚至裝飾性，則整個色面造型空間，不但不能在互動中凸現出檜木原本的色面造型實力，反而使整個色面造型空間失調，甚至由於色面造型的過於設計化或有瑣碎感與缺乏超越性的發展秩序，便難免使以往企圖經營的無限地存在與變化的「異度」與「超度」空間，受到阻限，這是胡坤榮不能不注意與加以防範的。

㈡他以帶有色彩的方形、長方形、三角形的檜木框製作許多不同形態與至為靈巧的立體造型架構，呈現出「色面空間」精密的組合與建築性的「層次感」，確是與都市建築型構的美感空間層面，有呼應與有觀照性的；而且能向上提昇都市型視覺美感空間，進入較高次元的造型美與秩序美；即使設計性與裝置性往下拉，最後仍能維持「裝置藝術」的視覺效果，而對都市實際生活空間的美化，仍有幫助，然而也就因為他此次色面的立體造型，在「存在與變化」中，抓住了較接近「實在可為性」的造型效益，反而使「異度」「超度」本來無限地移轉推展與變化的「空間」，回返到陪伴「實型存在」的位置，引起「色面」與「空間」的活動，產生某些「實定性」與「約限性」現象。這對胡坤榮目前意圖透過「異度」「超度」兩次展，繼續向前拓展存在與變化的無所不在的空間表現，確帶來某些冲激與可見的「抗力」，甚至在他此次展出獲得新的成效的同時，也遭到林壽宇等藝術同好者，於討論中，提出了胡坤榮不能不在這方面去深加省思與設法克服的問題。

總之胡坤榮在不斷推演與調整自我創作的過程中，不斷的提出問題，不斷的尋求解答，不斷的再出發，確是創作者專一的敬業精神之表現，我們拭目以待他下一次更理想的展出。

——自立晚報一九八七年八月九日

IV

詩眼看米羅

首先要說明，我一直強調以「詩眼」來看藝術、看文學以及看世界上的一切，那是因爲「詩眼」結合了肉眼、腦眼與心眼三種視力，具有深入與廣闊的能見度，能洞見埋在深層世界中精彩、眞實、純美以及奧秘與帶有永恆感的一切。尤其是在藝術與文學的範疇內，歷代偉大的藝術家與文學家，都幾乎是在創作中以卓越的「詩眼」來探視與觀看世界，而創作出偉大的不朽之作。這除了詩人，像小說家莎士比亞、海明威、卡繆、散文家屠格涅夫、音樂家貝多芬、莫扎特、舞蹈家保羅泰勒、鄧肯、電影大導演大衛·連、視覺藝術家米開蘭基羅、夏格爾、布朗庫西、亨利摩爾、克利、達利……等，尤其是目前在臺北市立美術館展出作品的大師米羅，都可說是運用高視力的「詩眼」，來從事創作的。

所以要想看出潛藏在米羅媒體與造型符號背後的那個眞正偉大與具永恆震撼性的世界，就不能不用「詩眼」了。

一、詩眼看米羅張開在「直覺」與「潛意識」中的「詩眼」

所謂「直覺」便是從內在直接出來不被扭曲的一種直視力，也近乎是文藝批評家杜威（

JOHN DEWEY）所指的「第一手的覺知（FIRST HAND PERCEPTION）」。那都是使創作達到不受干擾的高「純度」與「眞實性」的力量，能抓住一切存在的眞純與原本的根源。至於「潛意識」，便是裸睡在內在深層世界中、等待喚醒的無數「眞實」——它較現實中的眞實更眞實；也近乎是眼鏡蛇（COBLA）畫派所強調的、從存在底層世界自由湧現的生命原力與實感。由此可見米羅張開在「直覺」與超現實「潛意識」中的「詩眼」，便正是有效地監視藝術創作生命兩個最主要的部份——「純度」與「眞實性」；且在見證與警告凡是不能維持住「純度」與「眞實性」的創作生命，都必定走上粗劣、虛幻甚至死亡之路，而米羅詩眼始終盯住的是眞純與向無限延伸的創作生命，進行著他與「永恆」簽約的藝術工作。

二、詩眼看米羅線條、色彩與造型的生命世界

㈠米羅線條的生命世界

米羅的線條，均是超理性思維、直接從超現實的潛意識中自動呈現出來的，流露著生命無限的自由性與原動力，全是「活線」，具有高敏度的應力與「導電性」，能潛入生命精微的肌理，連結脈動的生機，使一切都在生生不息的活動中。

於是他的線條，絕不像那許多畫家，將線條拉成「麵條」，拉成「皮條」，或夢成「金條」；而根根都是生命的纖維；甚至是萬物生命存在與活動的線路——在它的流動、曲直、穿越、交錯、移轉、圈繞與飛躍等具有象徵性的活動形態符號中，大自然的千景萬象以及人

類生命的活動形態，都動在其中。是曲線，便有天空、山脈、河流、海浪、遊雲、飛鳥以及女體的腰部、臀部與乳房經過；是直線，便看見世界與歲月直走著過來，那些直來直去的經緯線、水平線、光線、樹桿、石柱、骨架、十字架等都直在那裡；是圈繞的線，便繞來世界與歲月以及萬物生命存在與活動最美麗的「範圍」，而繞得最好看的，常是盯著生命、以及無限時空與永恆看的那許多神妙的眼睛。

看來他超越與自由無比的線條，是機動性高與近乎萬能的，能帶河流回到剛流動的位置；帶鳥飛回剛展翅的位置，帶花朵回到剛開放的位置，帶人與宇宙萬物回到原本與眞純的生命那裡去；而且牽著萬物的生命，牽著在超現實中做夢的世界與歲月在走；它甚至是一條條拉過「時空多弦琴」的琴線，鳴響著人類與大自然永恆存在的純美的音樂。

(二)米羅色彩的生命世界

米羅的色彩，也是超理性思維，從潛在生命中自然流出來的，沿著「生命」的空間流動。色感與彩度，都達到毫無外加裝飾與渲染的純感與原性，呈示出鮮活的「活色」與溢滿生命感的眞純的色境。它格外的華美絢爛與明麗，較馬蒂斯燦亮耀目的色感，更多出一層耐看的寧靜與沈著之美。

若是藍色，便藍透了天空海洋……；若是綠色，便綠透了所有的春天、原野與青山綠水……；若是紅色，便紅透了色的詩境……。至於色面與色面的組合、排放與構成，色位與色位的佈設、調度與應對，均達到確切、靈活與自然的相互配合，可說是色色彩彩，進入生命的造型世界，都是渾然而成；並建立起有秩序與高次元以及高穩度與立體疊景的彩色空間；同時宣示所有的色彩，都是流動在宇宙萬物內在生命中的活色與本色；非「設計師」式畫家用來進行外在美容的虛飾的顏色。因此詩眼便也清楚地看出米羅是建造彩色生命世界的建築師。

㈢米羅造型的生命世界

任誰以詩眼來看米羅的作品，都不難發現米羅的「造型空間」，是無數造型的生命的「產房」，米羅便是藝術造型生命世界的造物主。把沒有生命的形象，都一個個變成有生命的造型，展現在無限的視野上。

在他超現實的直觀與直覺中，任何內內外外看得見看不見的形，都是具有生命的「活形」；而非那許多所謂的藝術家，在創作中所「摸擬」與「做作」而成的那些生命垂危或已死在「框架」裡的形；他的「形」，是生動、鮮活直抓住生命不放的「形」，並不斷穿越時空，不受文明與智識力量的約束，直歸絕對自由、單純及更爲眞實、富足與原本的存在之境，而呈示出他在造型中的種種表現，確是超凡與可觀的：

1.他將世界上的靜物、動物、植物與人物等各種的形態，溶合成各種或「植物形」、或「動物形」、或「靜物形」最後都歸同於「人」的「人體」的造型，確是一大絕招——這種始終以「人」爲主爲本的生命觀、自然觀與世界觀等所構成的創作審美觀，顯然是具有慧心與宏觀思想的。同時由於他的造型符號，已成爲人同自然萬物往來與對話的至爲質樸、率眞與親切的言語，便也使米羅在從事生命的造型工作中，自然充當了人與萬物之間的原本與有效的溝通者。

2.他解放存在中無數的形象，自自由由在他高度的「整合力」與「統化力」中，同步進入新的生命造型程序，去重現出一個個新穎與更爲眞純、自由無限的生命形象，這事實上，已是從事另一個「造物主」的工作。這項工作，初看上去，都似乎也經過設計，但「直覺」最後對眼睛卻是這樣說的：「設計是有的，但它只在生命的造型完成之前出現，之後，便看不見了」，有如孕婦在產前已將生命設計好。像這樣用上設計又看不見有設計痕跡的設計能力，也的確只有像米羅那樣具有「造物主」創造力的大師，方能擁有，其他的所謂藝術家，只好對大師嘆爲觀止。

3.本來表現「拙」、「樸實」與「單純」的造型美，在藝術創作中，應是屬於高層次與高難度的表現，但在米羅的作品中，卻出奇的將之表現得更爲淋漓盡致，更爲具體。使「拙」流露出它超智的可見的「眞」與「美」的生命形象；使「樸實」呈示出它可見的高純度與原本性的生命形象；使「單純」展現出它可見的豐盈與圓滿的生命形象……。這都在在說明米羅的確持有造形生命世界中高層建築的卓越非凡的造型能力，因而也創造出他個人偉大奇特的藝術奇蹟，引起世人驚讚不已。

4.凡是經過米羅詩眼中的每一個點、每一根線、每一個面，以及色彩，都預先有具體感與實質性，且在他有機的運作下，都協和地進入相互動的造型空間，去從「具象到抽象到再度的具象」與從「現實到超現實」中，塑造出整體存在的至爲眞純、美妙、可愛與完善的造型世界，令人感動，引起震撼。因而也可看出米羅的藝術技巧與造型能力，確已達到純熟、精練、得心應手、自然而然、出神入化的境界，那眞有如射箭，已用不著看靶，均箭箭射中靶心。這種高超的功力，除了大師級的藝術家，都只能站在旁邊看了，眞是越看越心服口服。這是我親眼看到不少觀衆（包括畫家）從米羅展覽室中出來，都是這樣感嘆不已的。

三、詩眼看米羅偉大不朽的視境與心境

㈠米羅的視境之所以偉大不朽

1.是他具有「造物主」的創造力，如上文所說，他能在視境內將原本的「第一自然」田園性的景物形象與人爲的「第二自然」日常生活的用具或機械形象以及人體的形象等不同的形象，在超現實的潛意識中，經過他卓越的通視力與緣發的直觀作用，便都到以人體爲主的共同存在的生命造型世界裡來，展開更爲自由無限且富想像空間與象徵意涵的「第三自然」的視境，給「生命」與「永恆」看。

2.是他視境中的造型，幾乎全是以「女體」與「鳥」的形象爲主。那些從潛意識中沿著女體身段、乳房與臀部及具豐盈感與「孕」態而流動的線條，都已流成「生命」與「愛」的溫潤、幽美、生動的泉流，流入無限的視境，同時加上造型空間一再出現「鳥」的形象、所象徵的無限自由，於是世界與萬物生命，便一起走進無限的自由與愛中；「女體」與「鳥」

便也因而成爲人類與萬物生存兩個最理想與最富象徵性的原本與永恆的基型——鳥象徵存在的自由與廣闊；「女體」除了象徵「愛慾」與「孕育」的母體，尙可聯想到那孕育日、月、星辰、風、雨、雲、鳥的「天空」，與生產礦物、植物、動物的「大地」，也是充滿了「愛」的母體。如此，米羅這種具有想像力以及微觀與宏觀思想的視覺，怎能不偉大與不朽呢？

3.是在上文曾提到的，從他超現實潛意識中，直接呈現出來的至爲自由、率眞的線條、色彩與造型，所經營的高品質高層次的「拙」、「樸實」與「單純」的視境，都是很自然地來帶引人類與萬物（尤其是身爲藝術家）從被現實污染與複雜化的生存空間，確實的回到生命最眞純最自由與最原本的「家」，重新面對自己、面對生命、面對世界，重新認識自己、認識生命、認識世界……，像這樣對生命具有無限啓導性的視境，又怎能不偉大與不朽呢？

4.是他在視境中所塑造的許多造型，都是爲人類活得並不開心與有挫折感的內在世界，創造出一個個無論是大人小孩都喜愛的「開心果園」、「玩具國」與「說童話的夢境」以及那個在想像中，要它多可愛就有多可愛的美妙世界。任誰面對它，能不在他感人的幽默與詼諧中，會心一笑；世界那裡還會有什麼傷口、痛苦與不開心的事。這樣，米羅的視境，豈不又成了人類生命陷在悲劇難境中的救助力量。

5.是他從超現實潛意識深層世界，並經過「極簡MINIMAL」性處理所呈現於畫面與造型的所有符號，都是以高實力、高質感、高強度與絕對優勢，將一切推上存在的極端與頂點，於不斷的超越中，進入無限，便也的確像是貝多芬的音樂、物理世界中的粒子，所展現的永遠不停止的生命活力與動能，引導生命與萬物進入思想家湯恩比所認爲的——尋到在宇宙之中、之後、之外的超越的眞實的存在——它便是永恆的存在，當然也是偉大不朽的存在。

從以上數點來看，米羅詩眼中的視境，便的確是建立在偉大不朽的生命架構上，給人看，給萬物與生存的時空看，也給永恆看。

㈡米羅偉大不朽的心境

米羅在他一九五九年發表的「我像一位園丁般創作」的自我表白文章中說：「年輕時，有過幾段很痛苦的時期……覺得生命好荒謬……我很悲觀，總認爲天下事，都會往壞的方向發展」，他的內心雖在陰暗與痛苦的襲擊下，但仍那麼純良地接受與容忍這種感受。並說：「我的作品，也有詼諧的一面，那是因爲我體會到必要擺脫悲觀性情，才會有幽默的產生，這是一種反應，卻非本願」。

他的這種存在感，較尼采採取激烈性突破的悲劇態度，顯得更感人，因爲他在「悲劇性」尚未整個爆發前，便轉換到平和與能安頓下不平衡心況的幽默與詼諧的境界中來，使「痛苦」與「陰暗」化解或躲避起來。而尼采式的正面反抗阻力、使用硬性的搏鬥，都永遠是一波波的痛苦與悲劇。米羅雖也在一九三七年的「古靴」那件作品中，以濃重的陰暗的黑色，佔領畫面較大的空間以及用刀叉刺在水果面部等造型，來表現冷酷陰鬱乃至同戰爭與死亡有潛在關聯的恐怖感覺……等生命情景，但他後來的大部份作品，都流露著可愛、率眞、純摯的童趣與高度的幽默感，讓生命進入他特別以「女人」與「鳥」做爲可愛、自由與歡樂造型符號的世界中，獲得好的舒解與轉化。

米羅的這種轉化精神，雖有點像老莊、王維與陶淵明「超以象外，得之環中」的超越心境，但也有點不同，因爲他不像他們那麼東方性的超脫與空靈；他不是「由無到有到無」的那種空靈的有；他是「由有到超越的更無限的實有」。他倒是顯示出近乎大師亨利摩爾（MOORE. H）同樣偉大的創作心境——亨利摩爾看到海浪把岩石擊穿的一個個洞口，便在潛意識中，想到子彈與砲彈在人體上，打開一個個可怕的洞口，可是在雕塑時，他將那些洞口，都當做傷口來治療，並滋潤它、光滑它，與使它看來，已不像難看的傷口；而像大自然與萬物生命的建築，打開來探視與瞭望無限時空的美麗的窗口，這種轉變與重建的卓越表現，同米羅上述的心境，是親近得如同芳鄰；是一樣充滿了偉大感人的人道精神與智慧，使我們面對他們藝術生命的創作世界時，便直覺到智識與學問都有點低能了。像米羅在作品中，將「自由」、「眞純」、「愛」與「生命」、「原本」與「永恆」等這些名稱的原意與眞意，說得那樣直接、徹底、切實與具體，那是書本與字典都不見得能說得出來的。

事實上，大師米羅，不但以他的作品，建立起大藝術家眞正偉大的形象；教導人類重認生命與自己；而且指認眞正的藝術家，的確已是另一個「生命的造物主」，也是拿到上帝通行證與信用卡，同永恆往來的人，米羅他就是，永活在世人的讚頌中，同永恆往來。

最後，以寫給大師米羅的一首頌詩，做爲本文的結尾。

藝術大師——米羅

米羅　是你帶著人類
　　帶著萬物
　　回到純純樸樸
　　　自自由由
　　　原原本本

沒有你的畫
空間從那裡去看起點
時間到那裡去聽回音
生命如何認出自己來

你的線條
將世界放得好高
　　好遠
一路看不見紅綠燈
槍彈炮彈也追不上來
再過去

是無限
再過去
是永遠

你的色彩
　紅透了太陽
綠透了原野
藍透了天空
從自己的純美裡
　　美出來
美入大自然的臉
美入宇宙的眼睛
最後　都美回原來
你的造型
　是一個個開心果園
一個個玩具國
一個個說童話的夢境

只同生命定合同
與原始簽約
最後　通通交給永恆

註：一九九一年藝術大師米羅在臺北市美館展覽，轟動整個臺灣，觀眾眞是人山人海，這是我特邀在該館專題講演的講稿，收入市美館一九九一出版的米羅大展的演講專書「詩·夢·自然——米羅的藝術」。

從『花之手』出發

雕塑家何恆雄的雕塑「花之手」，在臺北市新生公園的風景中浮現，這是一件屬於藝術創造智慧層面上的一件大事，難免有一些嚴肅性的觀感與看法。

首先，我覺得在高度機械化的現代生活環境與高樓大廈沉重的陰影下，人類的靈視活動，已日趨萎縮與癱瘓，重視雕塑藝術是必要的。記得在一次雕塑藝術座談會上，我曾特別強調的說過，在生活的視覺世界中，如果沒有雕塑，則所有的「風景」都不「開花」。縱使原野與公園開滿了花，都市的夜總會與廣場也開滿了燈花……，但這些彩色繽紛的風景，在心眼中，還是沒有開花，只有在雕塑出現時，風景才眞的開花，才開出那超乎自然美的更具有精神內涵的花，它便是從人類智慧中開出來的「花」，使自然界所有的花與景物都成了陪襯。

的確，當我們體認人類的文化提昇到完美的最高境界，往往便是詩人與藝術家在人類深入的思想與精神活動中，透過藝術所創造的「心象世界」，則雕塑家的存在，確是非凡且具永恆性的，因爲他能把這一無法以肉眼看見的「心象世界」，以具體的造型凸現出來，讓人類卓越的靈視，從低層次官能性的快感中，進入高層次思想性的美感狀態，去接觸到隱藏在內在世界的那些更爲美好的景物。

從這一價值層面上來看，何恆雄所完成的這座雕塑，則無論是作品的內涵、形式與藝術所表現的技巧，都可說是有相當高的水準與不少傑出的地方。

第一，做爲一個藝術家，他有一己執著的認知與看法，所以，他雖接受西方現代藝術的影響，但在創作時，他始終是站入他絕對的「我」的位置，將「古、今、中、外」化解於永恆的一瞬間，使一切順著他的意向與策劃中的美感秩序出發，而創造出他一己（也自然偏向於東方性）的藝術生命形態，這是可貴的。因此，他這座雕塑，在直觀中，雖也顯示有當代國際大雕塑家布朗庫斯的「單純美」與康利摩爾的「渾厚感」，但這兩種卓越的「美」的質素，是溶入他偏向東方人內歛性的「心象世界」，經過轉化與提昇，成爲含有東方自然觀與玄想的精神內涵而呈現的。所以他的造型，不但具有一己的意念與新創性，而且「單純」中，幾乎可看見中國玉中的「璞」的境界，「渾厚」中，又無限地溢流出大自然生命的蘊含與豐盈感。

其次是他在這座雕塑中，能始終把握「形」的完美性與「內涵」的耐思性，因而獲得視覺上的滿足，譬如他在造型上，以內在單純的「意象」，取代外在複雜的「表象」，予以表現，使萬樹之葉，歸入似葉非葉的一葉之中；使萬花之花，歸入似花非花的一花之中，最後只讓三瓣如花又如葉的單純之「形」，向天空以無比的幽美與象徵的意涵張開，無限地吐納著日、月、風景以及天地間萬物生生不滅的氣息與芬芳。世界上，怎會有這樣茁長的生命形態，如此的美，且具永恆性！眞是溶解萬象於單純，又在單純中見其無比的繁富與渾厚，可說是已達到「超以象外，得之環中」的悟境。我們如果把這座雕塑看成樹中之樹，花中之花，當然較只看成肉眼中的一樹一花，要高明得多，但最好是用心眼，把它看成花樹生命的基型，同任何生命的存在形態，都相關連相映照，或者看成一朵永恆不凋的「芬芳」，甚至看成托住日月與旋轉整個宇宙生命進入「美」境的「花之手」，則更能看出何恆雄他在雕塑中，所使用的心象符號之出神入化與卓越之處了。他不只是以向內探索的靈視，從衆多同位性的形中，提昇出那更具有美的質量感與蘊含的「形」，而且也使這些「形」進入美的核心，在活動中，呈現優勢與懾服力。譬如他以雕塑頂端的尖銳性，象徵生命向上伸長與突破的形態；而底部的圓厚與穩實，則像大地母體般承受與孕育著萬物的成長與欣欣向榮，充份掌握著生命在活動中均衡與和諧的態勢；又如雕塑本身所流露出那種光滑柔美的坡度與律動感，更是將河水、流雲、月光、風與鳥等生命形態以及由女體中昇華的性感，全都吸納進去，不但形成自然性與人性相溶和與交流的美，而且流動成視覺上無限的音樂。

同時由於他具有環境藝術的觀念，對視覺空間能做全面性的觀察與策劃，而把整座雕塑，定放在同周圍景物相呼應的位置上，這不但使遠近的草木花樹，都能親和地以相近似之形，同步進入整體性的美感？就是雲天與遠山，也顯映入整個廣闊幽美的景觀世界中，引起驚讚。

此外，因他塑造的「形」，相當的接近完美，因而克服了雕塑藝術上難免遇到的死角，使觀衆無論從三百六十度任何一個角度去看，均可獲得完整性的美感效果，這也是表現他在創作中高度的統馭力。

最後我認爲，何恆雄塑造的這座「花之手」，已近乎是跨越在西方都市文明景觀之上，從永恆的大自然中，昇華起來的一朶幽美的「東方」，給我們創作的心靈帶來一個重大且深切的啓示；那就是我們在承認西方現代大藝術家偉大的創造力之餘，應相信自己處在中西文化衝激的浪潮中，能勇於接受西方的挑戰，又能以高度的才識與靈智，採取自我的主動性，並切實抓住東方文化卓越的機能與精華，予以超越，應是有可能去創造出具有國際水準的大作品來。至少何恆雄這件雕塑品，無論在形式與內容上，都已替我說的話，多少帶來一些「回音」。這當然還得感謝獅子會熱心於公益的有識之士，資助將這個「回音」，在現實中成「形」；在國人內在深遠的視境中，塑造出這一隻永恆的「花之手」，不斷在歲月與風景中，撥弄著東方幽美的自然山水，彈奏著中國文化偏向於自然觀的玄妙的聲韻，且描繪著宇宙萬物絢爛的生命……使我們不但對中國人創造的智慧與潛力，充滿了無限的信心，而且也可以將「花之手」看成觀測人類靈視活動距離的一個奇異的「焦點」——的確從桌上的「塑膠花」到窗前的「盆景」到森林原野的「千樹萬花」到何恆雄以「花之手」握住千樹萬花之心的境界，對大多數人的眼睛來說，實在是一條漫長遙遠的視覺旅途，雖難於達到，但大家總得往遠處走，往遠處看，因爲那裏著實埋藏有藝術家以心血與才情並滲和著文化所開放出的智慧的花朶——它散發著個人、整個社會、國家乃至全人類的生命與靈魂的芬美，的確有待各方面的力量去參與協助與推展，以期有更理想的表現與展望。

當我們生長的土地上，能到處看見類似「花之手」的雕塑浮現，那何止是到處的風景都在開花，更是我們優秀的文化在開花，甚至是在我們以「衣、食、住、行」等卓越條件打好的肉體基礎上，所造起的華美的精神巨廈。能這樣，我們的國民便也的確於無形中步進一個較「外在花園」更美的「內心花園」之中，去逐漸接近高品質的藝術氣氛與生命情境，去確實渡過有美的內涵與精神境界的人生。下面是我配「花之手」雕塑寫的詩。

花之手

以花之手
推開天空與大地
先放雲與鳥進來
讓世界無限的遼濶出去
再以花之手
雕塑晨曦晚霞與星夜
描繪綠樹碧野與青山
撥弄陽光風雨與流水
旋動日月季節與自然
然後以花之手
把圓寂與空茫
緊緊握成一朵渾成的永恆

把渾成的永恆
緊緊握成一朵不凋的芬芳

胡宏述的造型世界

在愛荷華大學擔任藝術系設計科主任的胡宏述先生，曾應聘爲臺北市立美術館舉辦的一九九一年國際現代雕塑比賽大展評審團主席。他從事設計與造型藝術創作，享譽國際藝壇，國內外媒體都曾對他創作上的卓越表現，有過專訪與報導，本文是從詩眼的掃描鏡來觀視他的創作世界。

實用與超實用節奏的互動

我此次與女詩人蓉子應邀參加在愛荷華舉辦的國際作家研討會，有機會認識胡先生，並看到他在愛荷華大學美術館展出的作品，樹立在學校園區裏的雕塑以及部份設計用品與歷年來展覽作品印的畫冊，便發現他的確是我心目中認爲具有前衛思想、原創性以及探求藝術純質與深度的現代造型藝術家。

他掙脫一般慣常性與表層化所限制的所謂設計觀念；以高度的心智，嚴格與精密的從設計的「核心」與「原質」上，吸取能直接輸送到藝術世界的高質感與純粹的設計機能，並使之提昇進入藝術絕對的創作動向與程序。這樣若偏於較「實用性」的創作面發展，便可銜接生活器物朝向高度藝術化的美感需求面，使人類具實用性的生存空間所出現的，都是藝術品；若超越「實用性」，朝純粹的藝術造型美之方向發展，便就躍昇到雕塑（造型藝術）的位置。

胡先生正是透過這一高層次的設計理念、同時擁有「實用性」與「超越實用性」雙向美感造型思考力的藝術家，也雙向地分別為人類創造出偏於「實用性（形下）」與「超實用性（形上）」兩個具體化的生存美感空間，並證實「設計」的潛力，是任何藝術家（尤其是造型藝術家）在創作中，導使藝術世界向無限探進以達到精確、精密、精深、精純、精緻、精美的完善境地，所不能缺乏的潛在思考力，它往往在無形中協調創作的思想行為。

縱容創作心靈　探索造型世界

從胡先生具「實用性」的造型世界來看，他的設計性能與形質都是極力求精、求變、凸出與抓住藝術性不放的，而且至為靈巧、生動，以及同人類具新穎性、前衛性的生活形態與形勢相配合。同時由於胡先生是學建築的，當他的藝術美感，進入物理空間，同建築具有科學性的精密理性思維有機的交溶在一起，形成那具高層次的美的設計思考型構，便使胡先生「實用性」的造型世界，獲得足夠的實力、強勢與美感，在「設計」力的導引下，所展示的傑出表現。我們除了驚佩他「設計」的造型功力，更不能不讚言他是藝術世界幾何圖形遊戲的高手、變化多端的造型魔術師。他打開「古、今、中、外」時空與所有藝術流派的框架，回到自我的本位，重新使一切以新的形態與符號，向開放的視野展現。因此，他設計的那麼多椅子，是奇妙地放在超越時空中的椅子；其中不少椅子，竟是人不能坐的，那麼究竟給誰坐呢？我們只能說給「美」坐，或說得更詳細些，便是給美的生命與世界坐，給美的時間與空間坐，甚至說是給美的永恆坐；當然說得較適切些，便是給「藝術」坐。可見這許多椅子，是從何等高明的設計力設計出來的了。至於它們雖都是具象的，但絕非緣自「寫實」的創作行爲，它是溶入「抽象」、「超現實」、「立體」、「結構」等藝術表現的有機質素，尤其是特別採用極簡（MINIMAL）的單純造型觀念，將日常慣見的「實用形」解體與改觀，重新營建成具有新創性、較大的想像空間以及個人獨特風格的藝術造型作品。如此，方能顯出它非凡的優越感。

超越理性　馳騁想像

至於他提昇「設計」的精粹機能到完全超離「實用性」的純粹造型世界，所創造的許多作品，我雖不能一一在此介紹，但談其中的幾件，就可看出他創作上強大卓越的精神內涵與思考能力以及特殊的藝術理念。

像放置在建築物前的作品「絲」，說它是環抱著大自然風景在流動的河流；或是反射著現代鋼鐵都市光芒的金屬河流；或是不斷地鑽開「時空」的一把不朽的螺絲刀……我想都可以任你自由的去想像。本來它就是開放給眼睛去看的一個無限與多次元的美的意象符號。但我認爲應從另一個更精彩的角度來看這件作品，那是胡宏述將方形的立體面，無限地拉長成有立體面的直線，除出奇地產生具突破與超越性的尖端，且巧妙地扭曲它進入有秩序的律動狀態，這種思考的疊架與潛在的神奇設計力，使造型所形成的多層次的構成與變貌，不但呈現出一個迴旋而上的美的「螺旋型」造型世界，傳說著「前進中的永恆」，而且在超現實中流露出生命存在豐富的意涵：一是當這件作品出現，便將整個沈靜空間，不停的旋轉入律動的音樂世界；一是使西方冷式的理運空間與東方暖式的靈運空間，一同旋動入胡宏述這件作品中，呈現出人類文化整體觀的一個美的象徵造型符號。

這件作品之所以能將豐富的意涵提昇到具精純感的「單純」，一是因胡宏述具有微觀與宏觀思想的通視力；一是像上文已提過的他能提昇「抽象」、「超現實」、「立體」與「構成」等藝術表現的機能，並活用它，最後都交給能使造型臻至「單純」的極簡表現。由此也呈示他是非常機動與具有全方位創作思考力的藝術家。

由簡入繁　創生萬物

接著來看另一件作品「人」。顯然的這件作品高層次的思想活動形態與藝術的表現形式，都是向更「極簡」的創作世界推進。他只直接將中國文字中僅兩筆的「人」字象形造型符號，架設在天地之間，如果說兩劃的十字架，是支撐宇宙的經緯線；則「人」字造型中的兩劃，便是構成天地間的至要至美的支架，將「人」從天地之間拿掉，便將導致天地失去主人，世界成爲無人住的空屋，所以胡宏述設計這個「人」字的造型，造在天地間，不但是將人本與人文精神直接、徹底與具體的凸現在宇宙萬物生命存在的無限視野上，而且將人的存在地位提高到能與造物相對望與通話的位置，像這樣高超的構想與設計，怎能不從極簡中見繁富，單純中見深厚；甚至從直覺中看到那個溢流著靈智靈悟與令人思索不已的「人」的造型世界，已是一座人的金字塔，樹立在永恆不朽的時空裏，而驚嘆這件作品的特異性、傑出性，甚至已接近完美之境。

再下來看他爲配合愛荷華法學院大廈整座建築，所創作的那件作品「For all Seasons」。這是潛藏著多面性立體疊景以及不斷在時序中存在與變化的造型作品，胡宏述以精密的思考與多角度的透視力，將幾塊對光與色彩具有強烈反射折射與回射功能的金屬板，經過有秩序的設計與排列，懸掛在建築物大門通天的屋頂空間內，相應合的參入整座建築，並將整座建築一起提昇入美的造型世界；而那幾塊較鏡面還光亮的金屬板，在光波中閃動，看來活像是金屬開放的花瓣。這樣胡宏述豈不是在使這座建築物開著不凋的「花」嗎？本來雕塑的主要功能，就是要都市的建築叢林開「花」，使大自然的綠野、沙漠與所有的空間，開放著另一種永不凋落的「花」。基於這一深入的認知與看法，胡宏述在視覺空間採取全面性的思考與開放，打破傳統雕塑形體孤立、封閉與侷限在畫廊狹窄空間、或與環境絕緣的空間內展出的狀態，而以環境藝術所引發的互動性與連鎖反應，使雕塑以本身的造型，同時再去雕那存在與變化中的時間空間與周圍的環境；再去雕季節中的春、夏、秋、冬以及歲月中變動的朝暮、陰晴、光影與風雨等景象讓整座雕塑成爲一多面多向度的立體透明體，而且在時間中走動，同變化的周圍世界相交會進行永不休止的自由對話，由此件作品，不但可看出胡宏述個人獨特的原創力、對造型藝術全面的通視力、高度的設計能力，以及運用「材質」與「方法」的不凡功力，而且也可看出胡宏述的確是具有卓越心智、前衛思想與深厚美學理念的創作者。

結論

綜觀上面所例舉與評述的幾件抽樣作品，對於胡宏述之所以被認爲是世界級且頗受國際藝壇重視的造型藝術家，應是獲得很好的印證。

註：本文發表在「藝術貴族」雜誌一九九三年七月，43期。

普普藝術潛在思想的探索與反思

普普藝術（Pop Art）的潛在思想，絕不是憑空存在的；它與達達主義（Dadaism）有血源關係，達達主義與風靡廿世紀的存在思想脫不了關係，因此，普普藝術，便也與存在思想有斷絕不了的關係，是可見的。

當尼采高喊上帝已死，內在形而上世界的最高指標模糊了；海明威接著高喊這是迷失與落空的一代；此刻，當人類被第二次世界大戰殺傷的心靈，再度被現代機械文明冷酷的齒輪絞痛；空虛、寂寞、無奈的心情，使那些所謂偉大、崇高、神聖與偉大不朽等形而上的名詞，都只被看成西裝雙排扣旁邊的那一排，是用來點綴的，當存在價值備受質疑，人陷在懷疑中，很容易被推進空無之境。唯一能抓住與信賴的，便是被看好的存在思想大師沙特從他嘴中喊出的那句話：「人！除了生存，無他！」。沙特的這句話，便也使理想主義、內在的抽象思想以及僵冷的理性主義與所有冷漠的邏輯思考……等都被排拒，遠離「人！除了生存」這一實在生存的思想現場。生存與生活的本身，才是大家都關心的；生活的眞實環境與事物，才是眞切、確實與美的；藝術應建立在這上面。這不就同普普藝術以強勢與高姿態切入實際生活層面的意向，接上了電源？！

其實，存在思想所凸現上面的這些看法，同達達主義對一切採取反動、否定與「重新來」的態度，所引發的反僵化的法則、道德規範、掙脫一切約束的框架、強調放任與全然的自由、追求潛在的眞實與情緒……等思想意識，是有顯著的交會點的。這也正是說明存在思想，確已進駐達達主義，同時也不能不影響到同達達主義有直接血源關係的普普藝術思想。

帶有「存在思想」某些色彩的「普普」藝術，其實是在達達主義對已存世界進行解構、顚覆與摧毀過後的荒地上，重建具有開拓性與呈現新形象、新秩序以及逼近生活環境的視覺藝術世界。

當杜象採取「達達」意念，將「夜壺」直接展覽在衆目中，這是較在夢娜麗莎嘴上畫上鬍子，更甚地在傳統美學殿堂裡，引爆的一次重大事件。這事件，雖令使穿禮服來參加畫展酒會的仕女們，感到震驚與難堪，但卻在人類的眼球上，爆開出新的視域，讓普普藝術進一步創造出可觀的奇蹟與引發視覺藝術創作世界產生相當大的影響與反應。

㈠普普藝術以杜象「達達」牌的「夜壺」——這一冷僻的生活實物為按紐，叫通田園與都市生活中所有千千萬萬的實物與實象，都成爲「畫面」與「造型」的豐富且直接的活用的材質與媒體，等候普普藝術，以拼湊（collage）與組合（assemblage）手法，將之在生活化的物架實視空間裡，建立起多元物體與材質間相互通的視覺交流網，並在畫布內與畫布外，創造出不同於傳統繪畫與雕塑的新作品，是有創見的。

譬如傳統繪畫在畫布上只用「筆」與「色」，普普藝術除用這些與以照相將物體放大，尚可將各種不同屬性的實物「拼湊」進去，使畫面產生多元性的「視能」反應與具體的觸覺感，增加畫面「超常」的特殊效果；並呈示繪畫創作的突破性與新創性。

又如傳統雕塑，一直是在某種材料上雕；普普藝術則將同或不同的更多的材料的多種實形「拼湊」成更富形態、形感、形趣、多變化與想像空間的造型藝術。在創作的技巧與表現理念上，對照傳統雕塑而言，顯然也是具有突破性、創新性與開拓性的；而且創作的自由度與任放性也較大並給雕塑的造型世界，帶來新的景象。

㈡普普藝術的作品，或許在畫面與造型的精純度、精緻度、精深度與精美度等方面，著力點較不夠，因它較偏重於生活化的特寫、掃描、放大、甚至扭曲、變形、堆積與拼湊，難免有些粗略與浮面顯易等情形。但普普藝術創作的潛在精神思想與理念，對視覺藝術創作以及對人類眼球的視覺空間與資源之開發，卻是具有相當重大的貢獻與影響力；像新寫實（New Realism）以及拼湊多元媒體創作的裝置藝術（Installation Art）與表現藝術（Performance Art）、乃至環境藝術（Environments Art）與匯合雕塑、建築、繪畫於一體的包浩斯（Bauhaus）藝術行爲，都無論是在創作精神與運用材質與表現技巧上，都或多或少受到「達達」的孿生兄弟——「普普」的「美」援；即使是從畫布上將大自然放生回去的地景藝術（Land Art）大師克利斯多（Christo, J.），在他創作意念的深層世界，採取具革命性的藝術手段，擴展生活的實視空間，納入畫布無法收容的大自然正在變化中的實景與時間的流程，這種具革新性的創作行爲與意識，仍是多少受到普普藝術思想觀念的波及的，可見普普藝術的影響力，是已遍佈入相當廣闊的視覺創作空間；在相對於所有緣自抽象思想與觀念表現的視覺藝術世界之外，它串動上述的那些藝術流派，在無形中，幾乎成爲一龐大的藝術集團，展開一迫近生活與生存眞實層面的至爲開闊與具拓展性的視覺藝術創作領域。

㈢普普藝術也名「大衆藝術（Popular Art）」，顧名思義，藝術必須重認本身存在的功能性，開放給大衆，使其普遍化、大衆化，著重人與眞實的生活空間環境，所引發具人性與具生活親和力與貼切性的視覺美感活動。同時使生活中所有的現成物，都可自由拼湊的進入各種美的形式，而存在於畫框內外的空間，形成爲視覺藝術品。這樣，誰都可以輕易的與藝術接觸；甚至也做普普藝術的創作者。因而也有助於推展視覺藝術的創作世界與大衆接受的範圍；尤其是在面對「視覺污染」一直不斷漫延著都市的生活環境與空間，讓我們來回顧漢彌頓（Richard Hamilton）一九五六年所展示的第一件眞正的普普藝術作品，取名爲「是什麼使今日的家庭，變成如此的不同，如此的有魅力」我相信大家都會一致回答，那是普普藝術所爲的。的確，普普藝術潛伏著美化人類視覺生活空間的至爲神奇、強大與『普』遍的藝術力量，能轉變在視覺空間內出現的任何用品與物體，都是可看的藝術形象；整個生活空間都可能是美的藝術空間。如此，普普藝術，便將人與生活與環境與藝術空間，出奇的達成藝術在人類生活中的一項重大任務，値得激賞。此外，普普藝術解放了所有表現的媒體、材質與形式，達到全然開放與自由運用的程度，這對於任何一個圖拿到上帝通行證與信用卡的藝術家，都是舉雙手贊成的；而藝術本身就是世界上最自由與超越框限而存在的東西，可見普普藝術這方面的潛在意識，是主控與滿足著所有藝術家在創作上終極的要求，顯得有深層意義與更值得重視。

㈣普普藝術，因同具超現實主義精神的達達主義有血緣關係，在潛意識中掙脫一切的約束與制壓，對一切存在原本的實性、質樸感、直率性，要求較強；常出現有某種率眞的「反動」與「重新來」的行爲，這多少同眼鏡蛇畫派（Cobra）企圖從存在底層全裸與自由溢出的生命原創力，於底線顯然有某些接應。故也使普普藝術在排拒抽象藝術世界，面對任何實在的形象空間環境，都同時要推翻寫實主義（Realism）定形、約制、重覆與僵化的形象世界，而呈現那經潛意識作用、移變、溢出新意的直覺（非現實）的實形實象的視覺畫面，引人產生新異、奇趣與也帶有某些幻象的視覺美感。像在上面歸入普普藝術範圍的新寫實，就是表現這樣的「新」的寫實世界。而在這裡面，正好也潛藏著深一層的意義，那就是普普藝術在面對外在世界，不是照抄的；潛意識會參與進來，在率直乃至反動中，調整外在的實在世界，在新的眞實中露面。這樣，便雙向達成普普藝術的創作企求：⑴使原本人性與人文精神流入、且豐富畫面與造形的形象符號；⑵使較現實更眞實的潛意識，在直覺中，協助內外世界在畫面與造型空間裡，進行眞實的視覺交流與對話。至於普普藝術接受達達超現實的潛意識精神，使藝術家對陳舊固守、不夠眞實的一切、乃至殺害原本人性與破壞藝術純正生命的一切，保持覺知、質疑、反對與求突破的態度，也的確是有幫助與作用的。

㈤從「達達」走出來的「普普」，同從世紀末高喊著「解構」、「多元性」與「大衆消費文化」走過來的「後現代」，無意中，碰在一起，於是，在越來越進步的後工業都市物質文明的壓力下，整個物架空間，堆滿了各種物品，導致視道的紛紜、紊亂、錯雜與堵塞，造成對視覺全面性可怕的污染與傷害甚至強暴，便因應而採用「普普」藝術中的「拼湊」與「組合」的兩種力量，來把目前大家逐漸認爲是主流的「裝置藝術」推出來，爲「後現代」擁擠的物架視覺空間，進行臨場性疏通、整合與美化的開導工作，是必須的。的確，「普普」藝術對後現代解構過後造成無秩序的視覺亂象，已顯示出有重建其新秩序與美化的能力。甚至以廣角鏡來看，尙可看出普普藝術在「拼湊」與「組合」多元媒體進入整體性的美的秩序中，它那創作的延伸力，能進一步擴大用來對整座城市乃至任何生活空間環境予以美的「包裝」，顯出它藝術思想與觀念，更高更廣的創作功能性。

寫到此，我想對普普藝術，我該說的好話，似乎都說盡了。至於普普藝術它在人類眼球全然開放的視覺空間內，完全否定抽象的表現，以及它本身是否在正面被肯定後，也有缺失與可能出現的盲點與負面，這是必須接下來反思的重要問題。

第一、我覺得在人類創作思想的玻璃鏡房裡，我們採取三六〇度的立體掃瞄，便會發現「普普」正對著的正面，當然是光亮的，如我在上面給它正面肯定的部份；可是它在強調自己的存在時，極力反對與否定所有抽象思想的表現（包括抽象與後抽象乃至偏向極端理性的幾何抽象，抽象中的抽象），便正好形成它背後的盲點與負面。那就是因爲它所否定的，便正好失去它所否定的那些仍具有存在價值的存在，同時它根本無法眞的否定掉它們。

第二、在我堅持「以天堂容納鳥，不以鳥籠抓鳥」的理論觀點中，我雖也同意普普與後現代將世界解構與多元化的展列在「實」視之中；美在「大衆」眼睛的「拼」盤裡，以及在藝術百貨公司有它較新潮熱鬧的攤位櫥窗裡，也較引人注意，因它具有前衛、創新與開拓性的表現。但此刻，我們仍應有所反思與質疑，它是否會由於多元的拼湊，難免影響藝術品的品質、流於粗略、以及整體的緊密度也嫌不夠、甚至因偏於生活化、平易化的原因，易失去「向內」深思的質點，便可能出現所謂大衆消費文化的浮面甚至低俗的視覺狀態，在眼睛內形成低層次的熱鬧嘈雜視境，那的確便難免有負面與盲點存在，不能不予以防範。同時即使普普藝術在目前較有其存在與發展的開拓空間，但也並非能使我們曾特別讚揚的具有卓越表現的抽象藝術，停止創作，以及能從現代藝術百貨公司裡，抽象它仍一直耀目的展示櫥窗。上文也已提到過。所以當我們看到蘇拉吉（Soulages）本年內在臺北市立美術館舉行的抽象展，他一直將那強大不可抗拒的生命潛力，推上抽象畫面，引起視覺產生震撼性的感應磁場，驚讚是從心的深層發出來的。這些永恒的美的脈動，是應該使普普藝術，在不同的創作體系、兩極化的對視中，面對像蘇拉吉那樣高質感的藝術創作，有做必要的觀照與反思的。我們或許說普普藝術有點近乎達達的情形，它的思想觀念對現代藝術創作的影響大於本身作品的成果。

第三、是普普藝術與後現代都出現有「解構」與「多元化」的思考狀態。如果說被「解構」的是太陽，太陽解構後的衆多（多元化）碎片，都變成一個個大小不同的太陽，又能在

「拼湊」中構成壯觀的新的太陽系，那確是傑出非凡的表現。但如果解構的，不是太陽，是玻璃瓶，那麼解構後是一大堆閃耀的玻璃碎片，「拼湊」在一起，便也不可能是太陽系放射出的強大的光。就因爲這樣，我們在認可普普藝術在逼近生活化、平易化與走向關懷人與大衆的同時，不能不反思。那就是當普普藝術，在引導藝術「普」遍化地傾向於「全民體育」般的藝術作爲時，不應忘了在視覺藝術創作的廣闊世界，尚有「奧林匹克運動場」，在高喊著不能沒有更傑出的表現者，來使視覺藝術，仍不斷向有深度思想與高質感的「美」頂端世界推進。

的確，面對普普藝術這一具強大挑戰與令人反思的臨界線，我們深信藝術家必須在創作生命的深層的世界，持有宏觀與微觀的確實思想與智慧，不然，無論採取任何包裝的形式、符號與手段，都不可能有精彩驚人的表現。這也就是說，藝術家如果內心沒有確實能感應「美」的強大的「創作生命磁場」與「創作的巨型工廠」，則不可能在畫布內與畫框外有什麼可觀與非凡的藝術作品。的確，有許多藝術家，當他們面對一個接一個流行過來的藝術新潮，因自己沒有「工廠」，便只能做代理商，甚至做冒牌假貨。於是，我們也經常會看到許多仿造與假的「亨利摩爾」、「布朗庫斯」與「米羅」以及格局很小力度不夠的「克利斯多」與「包浩斯」……像這樣，如何能使造型與畫面，引起震撼與確實的感動人；藝術絕不是喝完便丟的保麗龍瓶罐，藝術家永遠是要付出深入強大的思想與智慧的，並有夠大的魄力，能將全然開放的時空、材料、媒體以及智識、條文、理念與階段性凸現的藝術流派、表現形式與方法……等，都溶入自我獨特的創作心靈，渾化成爲具藝術創造性的美的生命思想；那不只是以「智識」去了解與指認創作的形式與運作的方法，而是確實從所理解的「形式」與「方法」中，施放出那具強大震撼力的創作生命力，使「形式」與「方法」被證實是「眞」的，有「內涵力」的；不是「虛像」，好比打拳擊，如果只依書本指示打出有板有眼的拳路，而拳無力、是空的，那絕不是眞正有實力能「進場」去打的「拳擊手」（「藝術家」）。

於是在最後再三的反思中，我確實發現到普普藝術傾向於「生活化」、「大衆化」、與「平易化」……，並非鼓動藝術家拋開「向內思想」乘機往外下滑的「滑梯」；而是面對生活實視空間、更加強思考、更積極地向上健步的踏實的「梯級」。如此一來，方可能確實看到「普普」與「後現代」如何聯手將人類視覺藝術世界中的太陽，「解構」後，眞的變成「多元化」的許多太陽所「組合」成的新的太陽系，讓人類確實看到那輝煌壯觀的視覺藝術世界，而不只是去品味從商業消費文化中所流行出來的那些浮面、粗淺，甚至近乎平庸低俗的視覺藝術品。事實上，普普藝術也應該是這樣堅持的，而且態度認眞嚴肅。

註：本文是應臺北市立美術館邀請爲配合普普藝術國際大師安迪・沃荷（ANDY WARHOL）作品在該館展出、製作專輯所寫的專文，發表於該館刊（一九九四年56期）。

視覺的新大陸

——國際雷射景觀藝術在我國啓航

由名雕塑家楊英風以及雷射學者專家胡錦標博士、張榮森博士、馬志遠教授與青年藝術工作者楊奉琛等熱心人士，透過中華民國雷射推展協會所策劃的第一屆雷射景觀國際大展，於最近在臺北開幕，爲期一週（八月十六至廿三日）。分別在歐洲、美國、日本等地區邀請了將近十多個國家的雷射藝術家（其中有學者專家、藝術家與美術館館長），共襄盛舉。除有關雷射的學術講演與座談外，更有雷射景觀藝術的演出——包括雷射光繪畫展、雷射光所製作的動感影像展（近似光的雕塑）、雷射光舞劇展、皮影劇展，以及雷射光配合詩與音樂的多元媒體表演。誠然這是一項具有構想、新創性與新觀念的藝術活動；同時因爲它是世界上第一次國際性的雷射景觀展示會，在我國舉行，具有歷史性的意義，郵政局並發行郵票，以資紀念。

我與蓉子能以詩人身份應邀參加這次帶有實驗性與新創性的藝術活動，的確感到榮幸，不能沒有一些感想與看法：

首先我認爲人類高度的智慧與思想，是應該不斷用在對未來更具實效與富足的生存世界之開發與創造上，使人類的文化與文明，能向更廣濶更富足的境域求進步與發展。絕不會有人愚昧到把生存的範圍縮小，不讓美好的事物進來；應該是盡量擴展視野，去瞭望宇宙更多美好的景象，以滿足我們的人生。

基於這一觀點，我對雷射的價値觀，有已肯定的部份；也有某些疑慮與尙待解決的部份。現在先來談已肯定的部份：

我相信任何一個稍爲有常識與智識的人，都會站在開發現代文明的新觀點上，承認雷射光對於光學、醫學、國防以及現代工業文明的貢獻是重大的；對於改善人類實用性的生存世界，更是無限的（此因屬於實用科學的範圍，我不去談，那是雷射學者專家們的課題）。我要談的是雷射光同人類藝術生活的關係。我認爲雷射光對人類今後的視覺生活與視覺藝術，是會帶來莫大的影響助益與展望的：

㈠因爲人的眼睛一張開便看見光；而「雷射光」是宇宙間最純最美的光；眼睛怎會拒絕不看呢，尤其是它放射出的那些超乎想像的續紛燦爛以及美得那麼玄妙與不可思議的色彩與線條，像是從「宇宙的調色盤」裏流露出來的，任何新寫實與超寫實的畫家，也無法用畫筆去畫。它怎能不使眼睛著迷呢？眼睛又怎能不將它看成視覺世界中新穎且豐美的資源呢？

㈡當雷射藝術工作者，使雷射光所產生的色彩與線條在活動與變化中，呈現的種種視覺狀態，幾乎把宇宙萬物於流動、飄動、飛動、波動、湧動、旋動、躍動、奔動、揮動、等最美妙的抽象姿式與樣子，全都精確且不可更改地呈示了出來，任誰都會被那驚異性的「快感」

與「美感」所吸引，那是任何「拖墨帶水」的畫家，用畫筆做不到的；它是超出傳統的繪畫能力，以藝術家的「才能」與「宇宙力」所共謀的一個至為純然與淨化的「處女型」的新視境；也可說是雷射藝術工作者，對人類眼球上所開發的視覺新大陸，有待藝術家進一步的去創導、經營與發展。在目前對它雖感到陌生與疑惑，但在視覺中它所帶來的美妙與驚奇感是無法抗拒的，我們事實上也不能不承認它所呈現的某方面的「美好」，已存在於我們的視覺世界中，它存在的價值，正如張榮森博士所說的：「雷射景觀藝術，將一般藝術『視覺的形』，推演到『絕對的型』，追求這種絕對的視覺美，也是今日繪畫藝術一種趨向。」

㈢雷射光經過藝術工作者的策劃與技巧的處理，產生具藝術性的美感效果，而被視為「雷射藝術」，應是毫無疑問的，正像攝影機要在具有藝術觀念的攝影者手中，被視為攝影藝術；我們甚至可把雷射藝術視為『光的繪畫藝術（用光來繪畫）』與『光的造型藝術（用光來塑造形象）』，這是可能的。我不同意有人把雷射藝術當作「視覺遊戲」來看，我認為持那種態度是不夠嚴肅且缺乏深思的。因為雷射機與雷光、攝影機與軟片、畫筆與色彩，都只是創作者的工具與媒體，主要的還是要看創作者所持的藝術觀念與運用表現技巧的高低，它既可能創造出高度藝術性的作品來，也可能是非藝術性的作品來，也可能是非藝術性的俗品與玩兒。從雕塑家楊英風等人多次舉辦的雷射景觀展，可看出他們是具有理想的，是企圖將「雷射藝術」推展往具有高度藝術性、思想內涵與觀念的創作境界。

㈣由於雷射光放射出的那些純美得不能再純美、奇妙得不能再奇妙的色彩與線條，是從看不見的「宇宙的調色盤」裏流露出來的，很玄、很禪、很接近東方自然的神秘性與原本性像這些卓越的媒體，是畫筆所無法處理的。它被運用到視覺藝術中來，勢必引發一具革命性與新穎性的藝術形態。

㈤雷射藝術工作者以「光」、「雷射機」與「心」，畫出那形如心象的自然景物，是有可能的，如他們在過去展出作品中的「陶然亭」、「遠山曦照」「春陽吐絲」等，都是能在這方面掌握到某些預期的效果的，而爲雷射藝術描出了相當美麗的遠景。

接著來談疑慮尙待解決的部份：

由於畫家是用「色彩」「筆」與「心」來作畫，「筆」是被動的，畫家的「心」可全然的操縱與貫注，將「情、意、我」的世界帶進去，而雷射藝術工作者、是用「光」「雷射機」與「心」來作畫，雷射機有其本身不可捉摸的「自主性」，以及拒絕「心」進去的「純機械性」，創作者便無法達到隨心所欲的境界——也就是說無法使情思與材料媒體達到理想配合與相交溶的程度，於是使我們發現心與物之間的交通有了障礙，不能不產生一些疑慮，那就是：

㈠當雷射藝術工作者所製作的那些至爲美妙的色彩與線條，只能使我們的視覺產生無限的「美感」與「快感」；而無法深微且有效地表現我們內心在時空中活動的種種情境——諸如痛苦、憂傷、孤寂、悲觀、絕望、空虛、以及快樂與幸福等的生命感覺與神態。則這種近乎孤立性的「美」，它是較偏向於官能而缺乏精神內涵的。它同我們傳統的藝術美感心靈是有距離與陌生感的，它很難確實與深入地傳達人類內心活動複雜的過程與信息，它給予我們是一個幾乎抽離人性與感性而偏向絕對客觀與純粹的美的視覺世界，像未來派大師馬里內第（MARINETTE）所說的『只有科學、速度與快感……沒有人性上的喜怒哀樂』，這雖也是一種存在的傾向與樣相，但它那客觀無情的「冷然性」，凍結甚至埋沒了人類多種情感的存在，也的確令人疑慮。人生存於世，如果只有「快感」，沒有其他的情緒之感應與反應，人是否會覺得單調與乏味呢？甚至對人固有多種情境的生命世界，產生極嚴重的「鄉愁」，這情形，較「油燈」的光望著「電燈」的光，對古老田園所產生的「鄉愁」更大。所以關於雷射藝術的色彩與線條，能否含有充份的人性，是令人至爲關心的，也是雷射藝術工作者面臨的難局與必須接受的挑戰。如能克服與突破這一層最強大與根本的阻力，雷射藝術便有可能在人類的視覺世界中，獲得一次具革命性的空前的成就與勝利。因爲畫筆一下只能畫一條線條；雷射光一下可畫數十根甚至數百根的線條。

㈡當雷射藝術家終不能在雷射光的景觀中（或畫面上），全然有把握的呈現出那個溢流著眞摯人性與感性（物我交溶）的「暖式」視覺世界，而只能創造出那壯觀與純美無比的「冷式」視境，則它仍然被視爲只是一種給「官能」與「腦」看的視覺藝術，而非也給「心」看的視覺藝術。總是缺乏一種對人類內在生命的襲擊力與滲透力，難免有某些遺憾與美中不足之感。因爲所有偉大完美的作品，是同時給「心」「腦」與「官能」三者來看個滿足的，尤其是特別給「心」來看。因爲只有「心」能感悟與領略眞實與永恒的「生命」。記得有一位雕塑家將一件雕塑品完成後，其形態雖是非常的美，但因他越看越覺得自己不在裏邊，純係物形美，不能滿足他。於是他壓抑不住那種「抗拒感」，便憤怒的將雕塑品的頂端劈斷，讓血流進去，他覺得自己已在作品裏邊，心才滿足的安定下來。這正是說明，任何一個藝術家（包括雷射藝術家）所創造的作品，都必須有人的生命與作者的心在其中，才會更感動人。

因爲凡是能感動人的，都必須交給「心」去感動。這也就是說雷射藝術工作者，也一樣的必須把創作的才能與智慧，去使心物交溶（而非疏離）在作品的美感世界裏。當然，雷射藝術家，即使在不斷的摸索與具實驗性的創作過程中，仍不能充份創作出那全然暖式（含有人性與情意）的視覺世界，也必能開放出一個令人驚喜與純美的冷式（絕對孤立）的視覺世界，這站在藝術多向性地開發人類視覺生活的觀念上，仍是有其存在與某些肯定性的價值的。我們仍可從另外的視覺層面，去接受它所提供的純屬於快感與美感的景觀世界。

最後，我由衷的對推動這次活動的所有熱心人士，表以敬意，因爲他們多年來的探求與努力，使雷射景觀藝術正式在我們祖先的土地上啓航，使我們生存的環境與視覺世界中，增加了一些是以往所沒有的美好事物，擴展我們創作新的視野與構想，這意義與影響，想必是深遠的。如果在未來，藝術家們的構想與觀念，能透過雷射藝術的作品，證實出創作者的「心血」能同雷射的「光」交流在一起，則人類的視覺藝術與視覺生活，有無限輝煌的前途與產生重大的變化是可預見的。

這是我參加此次國際雷射藝展會議發表的論文，刊在臺灣新聞報一九八一年八月廿五日。

取得上帝通行證與信用卡的藝術家

——訪羅門談國內複合美術的發展

採訪：賴瑛瑛
記錄：黃義雄

羅門簡介：

被譽爲臺灣現代詩壇重量級與具世界觀的詩人羅門，曾獲中山文藝獎、中國時報推荐詩獎、教育部詩教獎、菲總統金牌詩獎與大授勳章、以及美國第三屆世界詩人大會特別獎與接受加冕。他名列中國名人錄、世界名詩人辭典與中文版大美百科全書，出版有詩集十二冊、論文集五冊，詩作被選入「中國當代十大詩人選集」，譯入英、法、日、韓文之外文詩選。海內外問世之專論羅門的書已有五種。六〇年代開始，羅門即積極參與國內現代藝文活動，除詩創作之外，尚寫畫評，提倡現代美術之時代性、世界性、前衛性、創新性、精神性及多元性。羅門本人亦身體力行，將生活周遭之現成物選擇拚組爲「燈」之系列作品，自宅命名爲「燈屋」，是結合繪畫性、雕塑性及建築性之組合裝置性藝術，是爲其文學與美術結合之精神堡壘。

·**賴瑛瑛**（以下簡稱賴）：臺灣現代美術運動在五月、東方時期有蓬勃的開展，但是到六〇—七〇年代期間，似乎又沈寂了下來，據仔細考察下，七〇年代一般雖以鄉土運動爲潮流，事實上前衛藝術仍陸續的有人致力開拓，只是因文獻的缺乏而產生此錯覺。首先請問羅門你對五月、東方這期間的看法。

·**羅　門**（以下簡稱羅）：的確，五月與東方畫會在中國現代繪畫發展的歷史過程中，所顯示的成果與所作的貢獻，大家都給予肯定也談了很多，我過去也曾爲他們其中的成員乃至非五月東方的畫家寫過評介文章，當然在給五月與東方予以肯定的同時，我覺得過去對中國現代繪畫推展至有功勞的重要人物，如李仲生、顧獻樑兩位先生，都是中國現代畫壇令人迄今仍敬仰與追念的，我也分別寫過文章與詩頌揚過他們。至於七〇年代雖有鄉土運動的出現，但五月與東方仍繼續他們創作的一貫表現，所謂似乎有些沈寂，是相對於鄉土運動的感覺。另一方面早於六〇年代中期開始亦見有非限於繪畫性的前衛藝術的興起。

·**賴**：六〇—七〇年代非繪畫性前衛藝術的興起和時代的精神現象有顯著的關係，尤其是臺灣當時流行的存在主義思潮對社會的影響與反映，而投射於藝術潮流中，請以一個見證人身份談談當時非繪畫性前衛藝術的特性及文化背景的特殊性。

·**羅**：首先，我覺得你提出的「前衛藝術」（Avant-Garde Art）在六〇—七〇年代的臺灣，的確重要。因爲前衛藝術中所強調的創造性、突破性，顯是現代藝術的重要動能，在藝術創作的意識上，它提供具開創性與實驗性的創作空間。顯然的當時中國的現代藝術（包括詩與其他藝術），都或多或少受西方現代主義存在思想的影響；尤其是藝術家發現到存在的自我意識受到現實相當的壓抑時，便難免在潛意識中多少產生一些抗拒與不滿的情緒，同「存在思想」扯上關係，而透過藝術與語言符號，借重當時藝術表現至爲盛行的「超現實」與「象徵」手法，予以暗示與帶有批判性的影射。視覺藝術方面，像黃華成的「大臺北畫派66秋展」便是這方面相當典型的展出；詩方面，則有：詩人余光中的「敲打樂」、洛夫寫的「石室的死亡」、辛鬱的「同溫層」、商禽的「長頸鹿」、瘂弦的「深淵」，及我寫的「都市之死」、「麥堅利堡」、「死亡之塔」等詩作，還有我的「現代人的悲劇精神與現代詩人」論文，這些都可說是表現當時受西方現代主義存在思想或多或少的影響，去探求「人」與「自我」存在尊嚴與價值的作品。

·**賴**：誠如你所言，前衛藝術的進展是和當時存在主義思潮有相當的關連，在這種背景下，是如何的促使複合媒體的運用於藝術表現上。

·**羅**：六〇、七〇年代人們對生命意義與存在價值的質詢與疑惑，確引發「存在思想」的問題，並明顯發覺人對現實存在含有潛意識的抗拒性，這種多少帶有叛逆性的潛在意識，當採取強烈的藝術手段表達時，便難免滲入達達與喬埃治（James Joyce）的醜美學觀點乃至波特萊爾反常態的生命迸射力，使其呈現出普普藝術的拼湊的多元性表現，那便不得不對一切已固定的形態與唯美的傳統美學框架予以突破，也自然被大衆視爲異數。但是這種具有前衛性、實驗性的藝術，對存在進行質疑與批判時，卻使視覺藝術直接介入生活的實際空間去運作，提供了一種拓展性的視覺藝術活動空間與價值。這種創作，從自我內在存有世界出發，走出畫布走進開放的實際空間，以開放多元的材質與組合的藝術表達手法，以具象徵性的造型與圖象，揭示與訴求生命存在的尊嚴與價值，使視覺藝術與生存的意識結合在一起，這在我「以天空容納鳥，不是以鳥籠養鳥」的開放創作觀與心境中，是有所包容的，我一直認爲視覺藝術家，應把「眼睛」當作廣闊無限的「眼球」（像地球一樣）來看，方能發現更多尚待開發與創造的視覺資源與世界。但是這種探索與開拓的行爲，絕對是有認知力，而且是認眞與嚴肅的，是爲了推展藝術自由創作的生命，以及呈現藝術創作更多的表現形態與價值。

·**賴**：早期你所參與的複合性美術展覽中，計有「死亡之塔」及「詩畫聯展」等，就一九七三年的「詩畫聯展」爲例，其目標是爲使現代詩與現代繪畫創作的精神結合，共同推展創造新的藝術境界。當時參與的詩人、藝術家很多①，以你一個參與者來說，此次展覽有何感想？另外是否能說說你以詩人身份參與的藝術活動情形。

·**羅**：詩畫展型式在過去早有過展出，但以一九七三年歷史博物館爲配合世界詩人大會在臺北召開所舉辦的首次詩畫展，應是最有規模與水準的一次。此次詩畫展參與的詩人、畫家都大多是當時有成就的名詩人與名畫家，參展的詩作與畫作，都是選出各人較好的作品，強調純度精緻化與品質，相當嚴緊，使其確實能達到詩中有畫，畫中有詩，相互動相映照的效果，呈現出現代詩與畫創作精神的新境界與高度的結合。

後來我也曾以詩多次配合何恆雄的雕塑，碑刻在公園、動物園與市區；又分別在世貿大樓與臺北市立美術館以詩參與國內著名尖端科學家與藝術家舉行的雷射多元媒體藝術表現。一九七四年首屆在國父紀念館舉行全省的戶外藝展，我爲展出寫了宣言，並策劃以長達數百尺的白布，鋪成一條藝術造的路，任由參加的藝術家與群衆即興地在上面創作，並以此取代剪彩做爲這次展出的揭幕典禮，是一次引起群衆參與的即興藝術表演。

·**賴**：前面你說你參與的藝術活動頗多，你對這些複合媒體藝術與現代詩的結合點有何看法。並順便說說當時有關的一些實際情形。

·**羅**：在六〇—七〇年代前衛藝術中的複合媒體藝術表現，有些的確是同詩人創作的心象世界非常相關，彼此之間便自然有結合點，而能在多元媒體中一起演出。

至少我覺得詩人與藝術家透過藝術「美」的符號來追蹤「人」與自我的生命，確有可見的交會點，我也曾嚴肅與經過選擇地以詩人身分參與當時所謂「前衛」表現，走出畫布採用多元媒體所從事的這種具突破的視覺藝術活動，表示對現代藝術的熱愛與關心。至於談到非繪畫性的前衛藝術時，我印象中便自然地浮現出黃華成、郭承豐，或當時被稱爲三劍客（鐵三角）的馬凱照、蘇新田與長於理論的李長俊等人，他們均是前衛意識很強的。尤其是三劍客，在當年許多前衛展覽中，幾乎是少不了的人物，而且在許多繪畫的討論會上，他們的辯風都是十分鋒利與凸出的，我認識他們是由於現代詩與現代藝術（尤其是多元媒體表現的）本來就很相近，但是和他們實際接觸很少，因使用媒體不同。只有馬凱照是例外，因他也受好詩，在天琴廳時我們成爲互相討論的對象。我們常談現代人與現代藝術的本質以及非繪畫性的多元媒體表演問題。

賴：當時藝術家的活動場所有那些？

羅：臺北當時有兩個年青前衛藝術家常去的地方；一個是野人咖啡廳，一個是七星大飯店的天琴廳，可說是臺北著名的藝術家沙龍（此外尚有作家咖啡屋、明星咖啡屋，也値得一提），「野人」因爲設計上特別製作成具有「壓迫感」的氣氛，在濃厚的煙霧與酒味圍繞中，使你只能在下意識中，一面談話、一面抽煙喝酒，好像帶有點頹廢與自我放逐的色彩，那裡有人常去，有人會吃不消；而天琴廳是我較喜歡去的，它較舒暢且兼設畫廊，我就在那裏結識了馬凱照，他除了畫畫，也喜歡詩，於是我們頗談得來，他贈我畫，我贈他詩集，於是詩與畫便也一同進「駐」了天琴廳，他論「畫」，我談「詩」，無形中成了天琴廳詩、畫的駐廳藝術家，由於天琴廳經常有畫展，也有詩畫、前衛藝術的小型表演以及座談與講演。這些活動大約維持有一年多（一九六八—一九七〇），如今仍令我記憶尤深。

賴：七〇年代的圖圖畫會，你本身亦爲他們多元媒體展出的一員，請你談談圖圖畫會以你「死亡之塔」做爲那次多元媒體演出，該長詩的創作動機與理念；另外也請你對這次展出在複合媒材的運用情形，作簡單的說明。

羅：圖圖畫會在我印象中是當時最前衛的畫會之一，在一九七〇年七月間圖圖畫會在精工社畫廊舉行多元媒體的演出，以我的「死亡之塔」長詩作爲演出主題，是該畫會的主要畫家，郭榮助向我說明的，希望我以詩人身份參加。此次展出的構想，是由郭榮助主導，動機是因其兄代他辦護照途中發生車禍，突然的死亡，觸發了他對死亡與機械文明的省思。當他因此放棄出國、在獅頭山守著其兄骨灰一年間，正陷於死亡感覺的苦思時，細讀我的「死亡之塔」詩作，後來便以此詩作爲主題，用多元媒體展出，邀請我、德國音樂家暨詩人哈姆斯、吉訶德、章楚楚、李蘇妮等人參加，在展出中將「死亡」的基調擴展及現代機械文明的空虛與徬徨，在會場中有舞臺、有象徵「死亡」的碑與雕刻木柱，並有銀幕放映著怪異的幻燈片與影帶，配有背景音樂，以及觸目所及的垂吊繩子，歐普風格的掛畫，此外尚有焚燒的香爐，以及地上與天花板上寫著「死亡之塔」詩的詩句與網子中即興舞蹈的女子……等，在這些結合著繪畫、雕塑、電影、音樂、詩、現代舞等的綜合性表現的作品中，營造出魔幻神秘與膜拜的氣氛，突現著「死亡」的悽美與戰慄的具體形象②。這次展出，使用所有的藝術形態與開放的媒體，它基本上是採取普普藝術（Pop Art）中的組合（Assemblage）與拼湊（Collage）手法，並帶有舞臺空間的表演藝術（Performance Art）情況，尚動用了超現實、抽象、環境、立體、結構等創作理念與質素，此外更值得一提的是它將達達偏向迸發性的粗糙與散漫，提昇到普普較具有嚴謹組合力與結構性的有秩序感的多元藝術表現形態，對我而言，的確是一次值得回憶的有精神層面，有前衛性與實驗性的多元媒體藝術活動的經驗。

·賴：八〇年代是臺灣複合美術的另一高峯期，此期間你曾積極參與異度及超度空間的展出，是否說明你大力支持的動機？

·羅：我覺得這時期大體上除了五月東方以及其他部份畫家仍致力於現代抽象，超現實乃至新寫實的繪畫創作外；另外也有一些表現自我意識強烈的藝術家，受西方新的藝術思潮與資訊影響，極力追求前衛與實驗性的多元媒體表現，乃至帶有表演藝術形態的演出，在當時也相當活躍，像美新處、私人畫廊與北市美術館乃至廣場，都時有這種不安於畫框空間裡作業的創作行爲，雖不成大氣候，但相當蓬勃。

至於我特別對「異度」與「超度」的藝術創作展表以關注與寫論文予以精神上的支持，是因爲他們在作品的空間觀念中有新的突破性與拓展性的創作動向，我甚至認爲是臺灣現代美術繼「五月」「東方」後在「空間觀念」上的第二波運動，企圖從畫布、裝置藝術（Installation Art）、地景藝術（Earth Art）、環境藝術（Environmental Art）乃至包浩斯（Bauhaus）的觀念等「受約制」的視覺空間中，全然的超脫出去，重新探索更開放、更自由的「存在與變化」的造形空間，我認爲這樣的空間，更富變化及更有新意，而且更具吸引力。因爲我是詩人，我發現一般用眼睛來「看」的視覺空間，多是平面與有限的；就算是用眼睛來「讀」，雖然立體，但仍有範圍與框架；只有在將眼睛「跪」下來看的空間，才是無限的、神秘的、無所不到的全面開放的視覺空間。而像詩所展開的那樣無限廣闊的空間，便自然同異度與超度空間，能展開較充份與滿足的對談。也因此可見我支持異度、超度藝術空間展，並爲他們兩次展出寫畫冊序言，確是緣自我詩境中的視覺空間觀點。

我覺得他們似乎是在爲國內乃至是爲世界性的視覺造形空間，在人類「眼球」上探索新的空間觀念與新的創作領域。

·賴：在異度、超度空間藝術中，林壽宇的地位頗重要，談談你與林壽宇的結識，以及你對他的作品在異度、超度的定位。

·羅：我認識林壽宇的時間，是他還未帶動異度、超度空間藝術以前。在林壽宇提供畫作給我當時主編的「藍星」詩刊作封面時，我就覺得他非常特殊，當他回國後在「龍門」開畫展以及第二次在春之藝術的展覽，我都同他交談藝術的話題而且談得相當投入，也爲他兩次展出寫評論與爲他「春之」展寫畫冊序言。我發現他第二展是已有意將畫與畫框的空間架構重整，以低限觀念將許多的二、三種色的大塊色面，分別的組合在牆上，使平面繪畫的空間，呈現出具體與立體的空間感。這種作爲——將繪畫性的畫布與畫框，解構成多面多向地延伸的存在與變化的造型空間，已經埋下了「異度」與「超度」空間創作意念的初步，當林壽宇進而使造型與牆上約定的空間，再解構進入全面開放的自由與無限存在與變化的空間，異度與超度空間的創作便開始出發了。事實上超度展的創作意念與精神，是異度展的擴展與延伸，以及進一步的確認與向前邁進，大方向仍是放在高次元與開放的「存在與變化」的空間觀念中，也就是如我在對他們創作的評論中所指認的：「異度」與「超度」是先把整個開放的空間當作一個「存在與變化」以及具「生命」的空間；嗣將造型符號提昇到具有高質感與生命實力及「存在與變化」的造型符號，然後使兩者於整體性的互動中，順著創作者的意念、構想與策劃，進入「存在與變化」的無限視野，使開放不受制約的造型符號，同開放的不受制約的空間，進行開放的不受制約的對話；並在視覺的鏡頭中，看到一個全新的奇蹟——那就是在無限地延伸與「存在與變化」的透明空間裡，所有的造型符號除了雕塑自己，也雕塑整個空間，也被整個空間雕塑在一起，並一同雕進了無限地「存在與變化」的視覺世界，讓整個視覺的造型與景面，便也浮現在源遠流長的「前進中的永恆」的時空流程中，呈現出那「無所不存」的「在」，並提供視覺無限的思考與想像的空間。

如果說「五月」與「東方」畫會是第一波對中國傳統繪畫的革新與曾推展中國現代繪畫的藝術創作，則「異度」與「超度」空間的藝術工作群，便是企圖第二波對中國現代視覺藝術創作空間，予以突破、拓展與做進一步的更新，從另一個方向探求與開創一個全方位開放的活動空間。當然這並不否定其他派別，包括具象、抽象、超現實、裝置、地景、環境……等，仍可在其個別抱持不同的「空間」觀念中去作業的事實，只是異度與超度的確使視覺藝術活動空間給予重新的認識以及更多的變化與探索的視向，爲視覺藝術創造世界提供新視與新境。

至於林壽宇影響下的「異度」與「超度」工作群之間，像賴純純、張永村、莊普、胡坤榮……等人，雖都有共同的意向，但他們同林壽宇乃至他們彼此之間，仍保持有個人不同的地方，譬如林壽宇本人是除採取低限、新造型、具體等主義的精粹，更特別強調「絕對主義」與排除任何「外意」、「感性」加進純粹的幾何造型符號，以達到嚴冷與絕對理性的極限程度，因而他經營那存在與變化的空間與造型，常出現高強度與高質感的不可擋的直達力，非常Shut，所以我曾以詩指喻過林壽宇的造型符號，它無論是三角形、方形或只拎出一根直線（像他異度展的那件作品），都在「邊緣」，形成一強大的動力場，有銳利的切割力，使整個空間都感到被它割痛，這就是林壽宇最特別與有異於他們幾位之處，除胡坤榮在造型以「方」與「直」比較接近林壽宇（但彼此的感覺動勢，仍有異）外，像莊普與賴純純除了有時也使用曲線，過去繪畫性的意念，與人文思想尚不能完全排除，難免同林壽宇之間存在有一些距離與同中有異之處，而其中的張永村是更自信地以自己的狂熱與執著、大膽且大幅度地在異度與超度空間裡，進行著「曲線」與「直線」造型世界的相當激情的交叉會談，呈現出他受林壽宇影響也有異於林壽宇的創作風貌，也像賴純純與莊普有甚至有較多的熱動與感性，同林壽宇的「冷」距離更大，縱使他們之間，都有不完全相同之處，但他們在「異度」與「超度」空間展的大方向上，所做的具前衛與突破性的表現，已凸現在臺灣八〇年代的藝壇。他們幾位的作品，也都分別獲得臺北市立美術館的大獎，可見他們的創作已受到肯定與具有其存在的空間與意義[3]。

·賴：「超度」、「異度」藝術在往後的發展如何？你認爲其影響何在？

·羅：談到「異度」與「超度」的未來發展，我想到林壽宇的一件作品命名「前面是什麼？」頗有玄機，也就是暗示「異度」與「超度」是一種向未來存在與變化的無限時空探索與創作的藝術行爲，目前他們都似暫停在思考與反省乃至作自我調整的狀態中，如果能繼續出發與創作，那便是實踐「前面是什麼？」所不斷展開的那無限存在與變化的創造空間觀念，而繼續有「異度」「超度」的新的作品出現。據我所知，張永村似一直未死心。即使以後異度超度不再有更驚異的作爲與完成，至少也在國內藝壇，製造過一次運動，它具前衛與突破性的空間觀念，使空間與造型獲得純粹與富於變化的新的生命活動機能，我想對於國內有些已顯有重覆、惰性、老舊、局限、蕪雜乃至商業低俗化等的視覺藝術空間與造型符號，確有某些刺激、調整、更新、與提昇的作用，再就是我們處在到處是「視覺強暴」的劣質化的都市生活空間內，如果能推展「異度」「超度」的新空間觀念，落實到生活理念中來，則實際的視覺生活空間之品質，必也會大大的提昇與改善。

·賴：有人說你自家的燈屋是臺灣最早的裝置藝術，請告訴我們你的創作理念及觀念形式呈現？

·羅：「燈屋」是一九五五年我與女詩人蓉子結婚住在泰順街二巷六號時，我將我們的生活空間名爲「燈屋」，是因爲當時我造了一座直達天花板的像是「燈塔」的燈，它象徵著是照耀我們生活與生命航路上的燈塔。由於屋內其他的燈具，也由自己製作，除了照明，燈的造型與光影也有藝術美，加上屋內的用品擺設我都要求美感，所以臺灣目前風行的裝置藝術（Installation Art）似乎我卅多年前，就開始在做，只是當時沒有這個名稱，與我做得不夠充份與完妥。當我一九六六年搬到安東街，燈與屋內的藝術氣氛都略爲增加，看來也較接近目前所謂的裝置藝術，當時到「燈屋」來的文藝界朋友直到現在，仍對「燈屋」留有這樣的印象。而在我的感覺中是一九七四年搬回到泰順街八號四樓定居下來，「燈屋」不但製作的燈已有廿多盞之多，同時屋內的使用品都幾乎全經過所謂裝置藝術的處理，配上壁上不少幅現代畫，整個「燈屋」帶有藝術美的生活造型空間，便出現了很明顯的裝置藝術的形態，後來報章雜誌與電視都多次做過專訪。

在此更值得一提的，是搬回泰順街後，我更著手將整座頂樓從樓梯開始，以繪畫、雕塑與建築形態（或稱包浩斯觀念）製作成一件更完備的裝置藝術作品，呈現出具有立體感與整體互動性且富藝術氣氛的生活造型空間，甚至也被看成是一首視覺詩。至於在創作「燈屋」尤其是頂樓裝置作品時，我是特別強調藝術家開放的心靈，能有融化及轉化一切的能力；能將所有的藝術流派，包括具象、抽象、超現實、立體、低限、普普、達達裝置與環境等乃至「古、今、中、外」的時空狀況，均視爲材料，並溶化成爲具有自我特色與風格的創作。此外在「燈屋」的造形符號中，我以長方形、三角形、方形、圓形等各種形自由組合交疊運作，以達到造型的存在與變化，加強且繁富了視覺空間。同時在「燈屋」的具生命與精神象徵性的符號中，我企圖掌握三個重要的基型：「圓型」——象徵圓渾穩定與和諧的生命狀態；「直展型」——象徵人類不斷向頂端突破與超越的精神狀態；「螺旋型」——既有衍生的圓型，以及層層向上的直展型，尚兼具穩定渾厚的圓底，而且有向上突破的尖端；也有旋進去看不見底的生之奧秘，以及向上望之無窮的仰視。於是「螺旋型」被我視爲人類創作生命與文化向前推進的完美基型——精神的螺旋塔，因此「燈屋」也成爲一個詩與藝術的「螺旋型」世界，我也曾爲它寫了一首近百行的長詩「螺旋型之戀」。

【註釋】

①〈現代詩畫聯展揭幕〉載於臺灣新生報民國六二年十一月十日報導，據文中列出參與的現代詩人有羅門、余光中、辛鬱、洛夫、紀弦、周夢蝶、蓉子、羊令野、商禽、張默、白荻、瘂弦、碧果、管管、大荒，以及現代畫家王藍、吳昊、吳炫三、李錫奇、李朝進、何懷碩、林惺嶽、莊喜吉、陳正雄、陳庭詩、張杰、馮鍾睿、楊英風、楊興生、楊熾宏、趙二呆、廖修平、顧重光等人參與此次聯展。

②圖圖畫會成員有詩人、音樂家、畫家、電導及設計家等。「死亡之塔」是展出於臺北市武昌街精工舍四樓畫廊內，為期三天，是畫會會員出國前的告別展，此展出後成員即分別出國，計有廖紘二赴加、侯端瑾赴美、郭榮助赴歐、李永貴、何和明赴日、蒲浩明、徐進雄亦出國。國內會員則有吳正富、林峯吉等。

③異度空間展出，除文章中提到的幾位藝術家，尚有陳幸婉、程延平與影星裴在美三位，到一九八五年超度空間展出時，他們三位並未參加。

註：本文是羅門第一位接受市美館訪問關於臺灣複合美術發展的訪談紀錄，發表在臺北市立美術館一九九四年五月份館刊，53期。

人體畫

——創作世界的探討

既是人體畫，則畫家要畫的，已不只是人的動物性的肉體；而是畫萬物之靈中的有血肉也有人性的人體。

畫這樣含有「動物性」與「人性」的人體，畫家勢必先對這兩方面具有特別精確深微的觀察力、透視力與洞悉力，方能進入創作對象的深層，切實將具有質感與實力的美的人體畫出來。

因此，我一直認爲視覺藝術家，他不但具有觀察事物的第二視力（靈視）；而且是人類精神世界的科學家，能澈底明瞭構成創作世界的各種元素存在的基本形態、實質、特性及其活動的機能反應，嗣以具適應性與有表現能力的媒體、方法與形式，來做有效的傳達。

人體畫家已事實上應有上面的基本觀念與認識，並進一步將「人體」視爲一座有機的美的生命建築，以及切實了解與掌握構成這座生命建築的三態：「形態」、「體態」與「神態」。

㈠「形態」的掌握：爲使畫筆下的人體，保持原來的形貌，不失眞，人體畫家，便不能不採取人體的自然形象，做爲摸擬的標準，但也難免含有寫實的說明性，多少影響藝術自由擴張的勢力及其純粹的自主性，而被視爲低度藝術創作。因此，人體畫家，便不能不注意，在遵行形似世界的創作過程中，固然離不開使用寫實手法，但一方面又必須掙脫寫實的限約性，使其相剋相成，以提昇藝術的純度與質感。否則，照相寫實與錄影寫實，將使「人體畫」過去固有純以畫筆來畫的「人體畫」創作世界，失去可爲性，甚至發生動搖。

㈡「體態」的掌握：爲透過「形態」，深一層的掌握人體潛在的特殊「體態」，人體畫家則必須具有解剖學的一般基本智識，以充份了解人體結構各部份的生理機能，包括器官、肌肉與骨骼等存在與活動的實況，始能做到確實有效的表現，甚至達到「新寫實」，畫得完全像眞人一樣具體逼眞。否則，人體畫的「形態」將因缺乏實質的「體能」，於做爲內在應力，便難免空泛，趨於浮面形象化。

㈢「神態」的掌握：爲透過「形態」與「體態」，更進一步掌握人體流露的「神態」，人體畫家，尚須對人的內在性與心理活動，具有深入的洞悉力，方能窺見與捕捉到由人體內在溢流出來的那許多至爲奇妙、奧妙、神妙與美妙的且不可思議的生命形態、情感形態乃至精神形態；諸如喜怒哀樂、高貴典雅、聖潔端莊、天眞浪漫、英俊瀟灑、纖麗柔美、健碩豐滿、剛強粗壯、自然樸實、仁慈和藹、堅毅勇猛、卑微軟弱、橫蠻兇暴……等，這許多潛藏在人體中的神采與生命狀態，均可納入廣義「人體畫」的創作世界，做相關性的表現，以擴張人體畫的形勢與深意。

人體畫家能體認上述的三態，又能把握它們三者之間存在的互動性與交溶點，並將它們統合進入整體存在的有機架構，那便是已達到人體畫能同時照顧到「肉體」與「人性」、「形而下性」與「形而上性」，在雙向發展中的交流面與融合點，而呈示「人體」在畫筆下，已的確是一座具有人的特殊生命潛在力與內涵力的「生命建築」；而不只是畫一頭徒具肉體的動物。

從上面看來，人體畫家，已勢必對「人體」具有切實的「觀察」→「體認」→「感受」→「轉化」→「昇華」的全盤思考能力，方能在觀念中，進入「人體畫」較理想的創作導向。

進入理想的創作導向之後，更重要的是在人體畫家對線條色彩等媒體在運作過程中的技巧功力與造形能力，以及整幅畫由局部發展到整體存在的均衡狀態、形勢與結構是否臻至完妥性，甚至完美性。

事實上，任何一位好畫家都必須能畫出卓越、豐富與來去自如的線條與色彩，尤其是，畫的是特別具有人性與神態且富於變化的活生生的人體，此刻，如果畫出來的線條與色彩僵硬、刻板與軟弱，不夠靈活靈巧與鮮活，則不但畫得不能傳神與逼眞，甚至把人體畫呆與畫死了。

世界上不少人體畫家，無論是畫全裸或半裸；無論是客觀地畫人體的純「體態」、或主觀地同時畫「體態」也畫溢流在體態裏的「生命狀態」；他們之所以能在美術史中上留名，如米開蘭基羅、達文西、林布蘭、歌雅、貝克曼、畢卡索、法蘭西斯培根等畫家，都可說是因爲他們的確能充份掌握線條與色彩在活動中精良的形態與實力，使之在創作「人體畫」的過程中，能有效且妥善地達成整幅畫完美的畫面與造型。

可見線條更是人體畫的生命線，必須加以特別的重視，使之能栩栩如生，出神入化，在創作中一再磨鍊它，已有如磨劍練劍，不但要它鋒利，而且要劍劍直進要害，並使它「剛」既可截釘斷鐵，「柔」又能如春蠶吐絲；若來去有聲，便敏動如鳴響的琴弦，像這樣具有美的音感與生命實力的線條，怎能不在根本上強化與美化「人體畫」的造型世界與畫面，呈示出傑出性與卓越性。

尤其畫人體畫中全暴露的裸體畫，更是對畫家具有嚴格的考驗性與挑戰性，線條活動的形態與趨勢及其表現的優劣性，往往可判別出誰是高格調的人體畫家，誰是低俗的畫匠。

至於有人認爲裸體畫是畫家生前不便公開的「日記式」繪畫行爲；也有人認爲那是暴露色情、傷風敗俗的玩兒，不能展出。而我認爲這兩種態度都不健全，因爲在我看來，眞正的藝術家是拿到「上帝」的通行證與信用卡的，是到「上帝」的眼睛中去爲「美」工作的——他能回到河流開始流動的位置去看河；花朵剛開與鳥剛飛的位置，去看花看鳥；當然他也能回到「裸體」的人的位置，去看原來的美的人體，所以「裸體畫」是絕對可以畫，也可以展的藝術品；而不是違警的色情禁物。事實也如此，販賣春宮照片，常被警伯依法抓進拘留所；而裸體的維納斯與阿波羅，卻在國家博物館內，派有警伯小心翼翼的保護。

可見畫「裸體畫」，是一項至爲嚴肅與神聖的藝術創作行爲，不能低視，但也只有眞正具備藝術精神修養與表現能力的畫家，方能勝任；一般近乎低俗與商業化的畫匠，是無法做到的。

因爲裸體畫，常處在「藝術」與「色情」相拉扯的至爲驚險的懸崖地帶，當「藝術」向上拉的力量，大過「色情」往下扯的力量，裸體畫便提昇爲藝術品；反之便往下墜，不是跌進「春宮」；便是跌死在標本世界裏。

是故，畫裸體畫的畫家，非但要具有技巧的表現能力；尚須具有婦產科大夫面對孕婦所呈現的那種專誠聖潔超離色情的心態與精神境界，方能保住「藝術」不被「色情」打敗；而堅守裸體畫家純粹藝術的創作位置。

最後，我想再補充說明一下，「人體畫」既是以人的身體爲對象，而人的臉部與眼睛是有神情的，人體內是有生命內涵力的；所以「人體畫」在廣義上，確是不能不包容「體態」與「神態」的雙面性。因而，便有一部份偏向於表現人的特殊神態與生命內涵力的人體畫家，如上述的米開蘭基羅、歌雅與貝克曼以及不求形似，採取扭曲、變形、誇張表現手法的法蘭西斯培根與我國古代畫「潑墨仙人」的梁楷，甚至將時間觀念也畫到「人體畫」裏去的畢卡索，便都可說是將「人體畫」於廣義的解釋與看法中，推演到異常的更爲廣濶的創作境域，讓裸或半裸的「人像畫」在放寬尺度的情形下，也似乎可踏進「人體畫」的界線裏來，共濟一堂。其實它們之間畢竟仍是有某些相親近的血緣關係的；因爲它們畫的都與「人體」有關。

註：本文是爲高雄市社教館出版的「人體繪畫專輯」畫冊所寫的序言　一九八八年二月

視覺詩的預言

做爲一個創作者，他必須在人類已創建的境域中，爲未來的增建工作，做種種可能性的探索與努力。 （羅　門）

本文的構想是由於詩本身純粹性的要求，以及現代人生存的處境等兩種力量所引發的，那是一年前的事，圖圖畫會在他們全體會員出國深造的一次告別展中，採取我的長詩「死亡之塔」為展出的主題。以繪畫、彫塑、聲音、幻燈影像等綜合性的藝術效果，表現我整首詩精神的內涵世界。在其展出過程以及所呈現的某些頗接近我此項構想的效果上看來，使我對我的預言在未來成為事實的可能，頗具信心。後來約在半年前專訪作家高信疆訪問我與蓉子時，我曾將此項構想同在旁的青年藝術家阮義忠透露。接著也同一些繪畫與寫詩的朋友們談起，現在將它在此公開發表出來。

如果詩的確是像我所說的：「它幫助人類進入生命與事物的深處，去將美的一切喚醒」，那麼換言之，詩也就是埋在事物與生命深處被人類心靈所感知的那些確實存在的美的東西。

這些美的東西，任何人都可在不同的情境中，隨時遭遇到，而在內心中形成各種不同的屬於一已專享的美感活動。可是要想將這種專享變爲他人的共享，則必須透過傳達的媒介物，而這種傳達過程之完成，便也是一首詩的形成。可見做爲詩的媒介物的機能及其純粹性與靈活性，都多麼影響著一首詩的生命之成長與發展。那麼自有歷史以來，詩人們所使用的媒介物——文字，在達成詩的純粹生命這方面，是否被認爲是最佳甚至是唯一的媒介物呢？如果答案是不能肯定的，那麼詩人們是否可在創作世界中，同時試探去使用其他有助於詩的傳達的媒介物？當然這絕不含有絲毫否定以「文字」做爲詩的媒介物之任何意識在，正像我們過去構想以飛機也做爲未來的交通工具，並不放棄我們目前仍一直在使用中的汽車。現在要問的這些可能被運用的新的媒介物究竟是什麼呢？

首先，誰都知道詩與其他的一切藝術（包括音樂、繪畫與彫塑）均是透過作者內在的視聽，而對一切有了深一層的看見，然後再透過傳達的媒介物而將之形成爲那種「美」的存在（作品）。這中間，音樂家以聲音做直接的媒介物；畫家以形象與色彩做直接的媒介物；至於詩所採用的「文字」，因受語義的牽制，較諸音樂家畫家所使用的，則其靈活性與直接性上事實上顯得不夠。因此也使詩人在創作上一再面臨了下面兩種難於突破的難局：㈠詩既是以文字爲媒介物，則詩必須透過語義這一關，形成藝術直覺世界的一層礙障，產生美感活動的延誤性；同時因透過「語義」所形成的轉播現象，較其直播，對於詩的純貌之傳真，也多了一層干擾。㈡詩以文字爲媒介物，它好像永不可能像其他藝術所使用的，能在人類的藝術世界中成爲世界性的語言，它必須經過翻譯，而翻譯詩，等於是仿製一相類似的生命，上帝都無法那樣做，一個翻譯家便更不用說了。

那麼想突破這兩種難局，則首先必須找到那種直接且能成爲國際性語言的材料，做爲詩傳達的媒介物。本來詩是存在與活動於各種心靈不同感知層面上的一種純美的「美」，那麼要把這種美從個人的專享變爲大多數人的共享，其媒介物我們懷疑是誰（是荷馬，是詩經裡的詩人）一開始便有權將它定死了，只能用文字，而不能用其他的諸如聲音色彩與形象等？如果我們發覺以具體的聲音形象與色彩做爲媒介物，較以透過文字所聽見所看見的抽象的聲音形象與色彩更實在，更能直接地激發人類的心感活動，我們是否也有理由去考慮用它？也許有人認爲那是自古以來定死了的，聲音是屬於作曲家的，形象色彩是屬於畫家與雕塑家的。可是如果我們在觀念上認爲這些未被音樂家畫家所使用前的聲音形象與色彩，都只是一些未被運入藝術創作世界中去的自由存在的材料，同時詩人也覺得直接以這種具體的聲音、形象與色彩等做爲材料，在實際的視聽世界中交織成那可見的場景，將具體的詩境透顯，更能獲得滿足，我們是否也能那樣做，而使詩的創作世界開發出另一新境？這問題可從一些已成的事實來看：㈠當我們進入一個被自然界的色彩形象與聲音所交織成的美感環境中，便往往情不自禁地喊出「這眞像一首詩，美得像詩境」。那麼詩人在此刻是否可把握住這一純粹的「美感」，從觀察與經驗的內視世界中，順著詩思的發展，去使用具體的聲音形象與色彩，製作成一直接向我們展露的詩的實際場景？㈡我們詩人們當中，曾有人將所表現的主題——「

鏡」與「森林」等，使詩的句子排成鏡與森林的形狀，以圖在詩中獲得一種具體的形象美，這雖是限於表象上的有限的做法，但可見詩人對於活動在詩中的不可見的形象，已有使其顯形的慾求；又最近詩人葉維廉乾脆在詩行中滲進了一些與詩思發展有關的圖形。這都無形中是在助證著我的這項新構想——一個詩人在追求詩的絕對純粹性與直接感受的過程中，內在受了語義局限性的壓制，已自然地顯示出這種突破的現象，這現象也許是人類詩史躍進另一創作新境的預示。當詩人已被容許去使用具體的形象美、色彩美與聲音美，作為直接可見的媒介物來構成詩境時，則這種顯形性的詩境，對於生存在那越來越掙脫不了生存的實際場景的現代人，顯有多麼大的吸力與實趣。

此刻，也許有人認為詩人一用了具體的形象色彩與聲音做為媒介物，在藝術世界中會發生某些混雜與產權不明的現象。可是我有理由來澄清這項問題：上面已表明過，聲音、色彩與形象在未被藝術家使用前，它們只是自由地存在的材料，非音樂，也非畫，正像文字不一定是詩。所以當畫家必要時在畫中用了詩人使用的文字，甚至像克利、米羅等人在畫中用了詩意，或者像鋼琴詩人簫邦在音樂中流露詩情，我們都不能說它們是詩，因為它們最後的歸向仍是畫與音樂。同理詩人如果基於表現上的必要，使用了未運進畫家與音樂家創作世界中的自由存在的料材做為材料，也理應是被容許的。問題還是在他用了之後，其表現與最後的完成上是否為詩。這情形，頗有點像美國開荒時期的牧人，帶著創造的意念趕著牛群向目的地出發，發現自己要到達那邊，已難免要路經另一些牧人的牧場，可是他開發與創造的目的地並不在此，而是在他自己已定向的世界中，這例子也正是說，詩人在追求詩的純感世界，在未來很可能也採用具體的形象色彩與聲音來做爲創造一種能顯形的詩境之材料，但它在最後所完成的，仍是一首詩而非畫或音樂，當然更不是電影或設計藝術——縱使詩人使用這些具體的材料製作的詩境，必須用攝影方法將之傳達與保存下來，可是在新的觀念產生之後，其所使用的攝影表現法，仍被視爲是傳達「詩」的材料工具，其創作的精神本質與結果仍是詩，而非攝影或設計藝術，如果這一觀念能成立，則我的預言已爲全世界的詩人們帶來兩項福音，且在未來有實現的可能。

第一項福音：是克服了文字在傳達上造成的地域性的障礙，而使詩（POETRY）形成詩作品（POEM）時，不必經過多國文字的翻譯，便可像其他直覺藝術那樣被全人類直接感受——這也就是說詩所使用的媒介物，在順著詩思發展而達成詩境的過程中，也已屬爲那不須翻譯的國際性的語言。

第二項福音：是詩人內在的視聽，可由抽象的看見與聽見轉爲具體的看見與聽見；詩境可由製作的實際場景形成——這種顯形的詩境，不但能流溢出濃厚的實趣，而且對於人的感應也形直接，且具有逼近性。其理由是在現代，一件東西的形象聲音與色彩在具體的存在中，較在抽象的存在中更接近我們，「更接近我們」這一情形，對於這代人不但具有迫切感，而且更具有被接受的優先性。因爲這代人，絕大多數可以不生活在形而上的抽象的玄境中，但已越來越不能不生活在他們所面對的生活實境中。此刻詩人能將詩自文字中產生的不可見的精神活動實況，轉從直接可見的東西上去、形成那種迫向人類實際行動世界中來的直接供應力，便正好是對準了這代人生存所偏入的現實性的動向，也就是對準了這代人生命活動中的焦點「飢渴點」。這樣做，也的確較詩人在目前強調所謂以生活的語言寫詩與所做的直接表現，則更直接且澈底了。因爲它是將那透過詩思所製作成的實際場景，在可見中推向這代人關係的視聽世界，引起詩的美感活動——也就是使詩境透過顯形的具體視聽世界中去完成，而與人類實際的行動環境獲得一種面對面的遭遇。這種卡入人類行動環境採取實際場景對詩所做的直接傳眞與表現，也許給於人類共享這方面具有展望與較佳的推廣性的；也不致於像目前的情形，「詩」睡在文字堆中，無論它是睡得如何的高雅與幽美，已越來越像是睡在那遠離大多數人的冷冰冰的「寺院」中，因爲在透過鉛字所製作的不可見的內在活動場景，同其現代環境那強迫你接受的繽紛的色彩、交錯的形象、交響的聲音所形成的越來越佔優勢的可見的外在活動場景，一相對照，便用不著說，我們已想得到，究竟那一邊對這代人具有絕對的吸力。這情形，正像一個生活在現代都市的男子，他走在街上，究竟是一個穿著迷妳裝、身段像河流般流入他眞實視境中來的那個妙齡女郎，有著不可抗拒的魅力而易引起他動心，還是那個遠居在「寺院」中可想而不可見的「修女」？這一冷酷的事實，迫使我們體認到：最接近我們的，立刻要兌現的，如釘頭等著釘錘一直捶下來的，……等這些生存的急態，已構成現代環境對這代人強大的圍壓力，使大多數人特殊的心勢活動已相連地逃避一切屬於不可見的形而上的活動，因而也使詩被推入冷宮。不少詩人已因勢而設法在詩中盡力抓住我上面所說的那種「直接供應力」，所謂以直接的生活語言，以及語言所形成行動中的景象，來盡可能透過這代人生活的實境實情實趣去製作一種較貼切的詩。可是詩以文字爲媒介物，在藝術世界中總是較音樂較繪畫所使用的缺乏直覺性（也就是缺乏直接的供應力），尤其是在大多數人越來越背離「詩境」而陷入「物境」去生活的現代。這形成了一個頗可憂慮的事實：就是在都市的生活環境裡，讀詩的讀者顯得越來越少，而人類的生活又偏偏越來越向都市的環境發展。一種來自物質文明的「外動力」越來越將人類源自詩的聯想所產生之「內動力」趨於虛弱，形成大多數人只存在於絕對的物慾與享受之間，「詩」則難免要像神那樣寂寞了。一本詩集在百萬人口的都市中出版，能像一座可抓住百把人進去的教堂已不錯了，至於現代繪畫的情形則有點不同，一開始雖也不被群衆接受，甚至謾罵，可是後來想不到它竟日漸被人們所喜愛了起來，並滲入人們日常的生活中來——無論是建築物，室內佈置、廣告、日常用品、穿著等，均都接受了現代繪畫的影響；至於音樂也一樣比較能受到大衆的喜愛，縱然是百年前的古典音樂，只要在像樣的演奏會中，聽衆仍是成千成萬地客滿的，而達到表現、傳達與共享的高度效果。這理由我想它很簡單，就是因爲繪畫與音樂分別使用聲音形象與色彩做媒介物，能在直覺中產生直接的供應力，可不必從文字的意義世界下手，只要在人們實際的行動環境中，以一種連續性的可見的「出現」，便能在人們視聽的慣性中慢慢地形成某些適應以及喜愛，甚至使人們因有更多的了解而承認與信服。由此，可看出一件藝術品採用最近人類生活的東西做爲傳達的媒介物，在事實上能吸引住人們的興趣，因爲這些被人類生命本能所熟悉的東西，能直接地擊入人類實際生活經驗的諸多層面，而使人類獲得眞實的驚喜與富足的興趣，至於因不能直接所產生的隔閡，像戴著手套握手總是缺乏一些貼切感與純性的。所以我認爲詩以文字爲媒介物雖較音樂與繪畫能保持住文藝世界中較清晰的思想之實體，但透過文字去把握藝術生命的純性，便正像是戴著手套握手，較其音樂與畫所使用的直接材料要來得間接了。基於藝術上所運用的材料效果，以及現代人的心勢活動已相連地要求偏向現實與必須兌現的世界之那一邊，使我因此產生了此項構想與預言：「在未來的日子裡我相信詩人除了用文字寫詩；尚可把以文字寫成的詩，從印刷機上轉到攝影機上來，再以具體的色彩形象與聲音製作成詩的可見的場景，傳入人們普遍的共享世界中來；甚至詩人一開始便可順著詩思的發展，而直接採用色彩形象與聲音製作成實際的場景來透現出詩的美感世界（詩境）來。這也就是說「詩」既已是一種存在，而表現與傳達其存在的方法，在這項新的構想中已發現有三種情形，如果這三種情形，在未來均成爲被運用的事實，則詩創作世界以及人類精神所活動的詩境中，不但在交通與傳達上，將因此好轉與繁榮起來，而且也極可能爲詩增加了一個創作的新境。

在這一新境中，我確信它能吸引更多的人進來欣賞，詩也不再是越來越像是屬於極少數人的私產了，理由是詩既然用了那些能直接激動人類生命本能的具體材料作爲媒介物，則這些材料透過詩人實際的觀察與經驗而製作成那推入人類眞實視聽中的現實可見之場景，顯然是具有那種迫著人接受的或強或弱的勢能。而且，在現代的藝術思潮中，一個創作者雖仍可將人類的心靈透過藝術作品，引向頓悟中的空靈之境，而獲得精神上一種集中與專一的滿足。可是經過深入的觀察與透視，把握住對一切所產生的眞實視聽，以直接推向你的可見的東西，精確地對準你實際生活中的諸多經驗層面擊進去，連續地驚動一切去交出它們存在的眞位且顯示出它們在詩中活動的美感性，這種帶有蒙太奇效果的展現性的傳眞表現，對於一個生活越來越偏於行動與現實性的現代人該是多麼親切、生動且有實感與吸力。上面已說過，這種吸力。在使詩從少數人的專享，推廣向多數人的共享確是非常重要的。否則這一代人他們可不須接受詩的影響仍生活他們的，我如此說並不是親就與迎合（因爲材料的親就，並不等於藝術的降低，任何一個偉大的藝術家均能在創作中，具有改變材料質感性的不凡能力），而是具有對創作的更深一層的體認的：由於這代人生活的繁複豐富以及各方面智識的呈獻，大大地開發了人類內內外外的無限境界，一個詩人能抓住那些接近人類眞實視聽的材料，去引燃那透過經驗與觀察所看見的無限地展視的內視世界，使之從顯形的實際場景中，形成爲那緊緊扣住人類行動環境的詩境，它該顯得生動且流露實趣（上面已說過）——這種直接卡入人類行動環境中來的詩境，在未來採用聲音形象與色彩做爲傳達材料，借攝影做爲製作實際場景之傳達工具，已是很可能與可預見的事。同時這種要求，我們料想得到隨著現代人類生存的實境及其心勢活動的趨向，是逐漸驅使一個詩的創作者，去面對這種可能的。

最後仍須加以說明的兩點是：㈠這種卡入人類行動環境中以實際場景所製作成的詩境，使詩人難免要面臨了運用新傳達材料的能力問題，那就是如何在異於音樂與畫，而使那些透過內在視聽所再現的具體的聲音、形象與色彩，順著詩思的發展，進入情況中去工作出一種確實充滿了詩意的場景來。這也就是說一個詩人對於這些被運用的新材料必須具有直覺上的判視力與銳敏的純感經驗，同時這一純感經驗又必須在潛意識中與人類行動環境中的存在經驗有著相呼應性的關聯。這樣方能使詩思透過新的傳達材料與藝術處理的層次，而創造出那有著可見場景的詩境；㈡像這種詩境的製作、傳播與保存是必須經實地設想與採用電影製作法，方能將形象、聲音與色彩組合成連續的實際場景所透現的詩境，拍攝下來，並使「詩」在眞實視聽的感受過程中完成。這也就是說一首詩的發表，可用攝影（電影方法）方法傳達給讀者，也許有人會覺得太不方便，讀一首詩或一本詩集要到電影院或其他的放映室去，可是我覺得在人類電子工業不斷發達的未來，每一個家庭中在若干年後持有一架小型放映機，確有可能像是擁有一具照相機那樣容易，當詩人將詩製作成一捲一捲可無數次拷貝（像詩集一本一本可無限地印刷與保存）的影片，既可在電影院或其他可放映的場地公開發表，也可個人躲在家中將它發表給自己或幾位朋友們欣賞，只要電開關一捺，詩的美感世界，便連續地從銀幕上所產生的具體美妙動人且富實趣的視聽中，直接向你展現了。這種想法，如果在未來能成爲事實的話，則詩在人類生存的世界，很可能也由不景氣轉爲佳運；而且更値得注意的，是詩也將因此擁有它藝術上的純感世界；同時由於詩卡入人類生活中的行動環境，產生出人類精神活動的一個可見的實境，因而更使「詩」成爲人類生活中的一種「眞實」，像這樣，它的確是値得詩人們在以文字寫詩之餘，去探究與實驗的。因爲做一個詩的創作者，